ÉTUDE HISTORIQUE

SUR LE

PRINCIPE DE LA PUBLICITÉ

DES HYPOTHÈQUES

En droit romain, en droit français et dans les législations étrangères

PAR

E.-V. LERAY

Licencié ès sciences Mathématiques

DOCTEUR EN DROIT

PARIS

IMPRIMERIE DES ÉCOLES

HENRI JOUVE

23, Rue Racine, 23

1886

THÈSE

POUR

LE DOCTORAT

ÉTUDE HISTORIQUE

SUR LE

PRINCIPE DE LA PUBLICITÉ

DES HYPOTHÈQUES

En droit romain, en droit français et dans les législations étrangères

PAR

E.-V. LERAY

Licencié ès sciences Mathématiques

DOCTEUR EN DROIT

PARIS

IMPRIMERIE DES ÉCOLES

HENRI JOUVE

23, Rue Racine, 23

1886

NOTIONS PRÉLIMINAIRES

§ 1. — Quand deux personnes traitent ensemble, leur première préoccupation est d'assurer, autant que possible, par des garanties efficaces, l'exécution de leurs engagements réciproques.

Occupons-nous de ces garanties, en ne considérant que la personne ou les biens du seul débiteur, c'est-à-dire en laissant de côté l'intervention d'une tierce personne qui s'engagerait accessoirement vis-à-vis du créancier.

Une première garantie pourrait porter sur la personne même du débiteur. Cette sûreté particulière se rencontre en général à l'origine des sociétés, dans ces législations primitives où règne la barbarie (1). Tel est le *nexum* des Romains ; telle est cette sorte d'hypothèque sur la personne du débiteur que l'on retrouve aux époques gauloise, franque et féodale (2).

1. Nous nous plaçons ici un peu après cette époque bienheureuse, célébrée par M. Grenier (*Priv. et Hyp.*, discours préliminaire), un peu après cette époque « où les mœurs étaient pures, et les lois inutiles à assurer l'exécution des contrats ». Nous supposons que la cupidité a déjà « pris un essor proportionné à celui de la civilisation », et nous dirons avec Basnage que « le système des hypothèques n'est principalement qu'un recueil « de précautions ou de remèdes contre la malice et l'infidélité des hom- « mes » ; car l'homme, « par un effet de l'infirmité de sa nature, n'est « pas moins enclin à se soustraire à ses devoirs qu'à abuser de ses droits. » (Martou, *Commentaire de la loi belge de* 1851, tome 1, p. 264).

2. « On sait que la loi des XII Tables permettait aux créanciers de

Dans ce cas, les biens du débiteur vont au créancier accessoirement à la personne : qui confisque le corps, confisque les biens.

Ce procédé barbare fera-t-il rentrer le créancier dans ses fonds ? Oui, si le débiteur, devenu esclave, représente dans le patrimoine de ce créancier une valeur égale à la somme qu'il devait ; sinon, non. De plus, qu'arriverait-il s'il y avait plusieurs créanciers ? Nous ne voulons pas croire, en effet, que la législation romaine ait mis en pratique la théorie de la division du débiteur en plusieurs morceaux, et nous dirons de suite que les biens doivent seuls rester la garantie de l'engagement intervenu.

On arrive ainsi à formuler ce principe, qui est de tous les temps et de tous les pays : qui s'oblige, oblige le sien.

Si complète que semble au premier abord la sécurité du créancier, elle est encore insuffisante ; car les biens du débiteur sont le gage « commun » des créanciers qui se trouvent appelés au même titre, qui ont des droits égaux et indépendants de la date de leur contrat : personne alors n'est sûr d'être payé intégralement. D'un autre côté, dans ces conditions, « les biens ne répondent de la dette « qu'autant qu'ils sont dans le patrimoine du débiteur » (1). Il est donc nécessaire que le débiteur puisse offrir à son créan-

« mettre en pièces leurs débiteurs récalcitrants, et qu'au Moyen-Age la « servitude pour dettes se substitua à l'esclavage antique. » (Martou, t. 1, p. 265). Voyez aussi Troplong, *Priv. et Hyp.*, édition 1833, p. 3, et M. Esmein, *Les contrats dans le très ancien Droit français*, p. 154.

1. P. Pont, *Priv. et Hyp.* tome 1er, p. 307. Voir aussi Basnage, *Hyp.*, chap. 1, page 1.

cier des garanties plus sûres, plus précises, plus nettement
déterminées. Il faut que chaque créancier se sépare de
ceux qui pourraient, par la suite, venir en concours avec
lui, et qu'il s'assure un droit exclusif sur les biens du débiteur ou tout au moins sur l'un de ces biens. Alors seulement un prêteur, par exemple, attendra son remboursement avec la confiance et la patience qui découlent de la
pleine sécurité.

Comment donc réaliser, en faveur du créancier, cette
cause de préférence?

§ 2. — Ici encore, plusieurs expédients s'offraient à
l'esprit des parties contractantes.

Le premier qui dut se présenter fut le gage. Le débiteur concédait au créancier, pour sûreté de la créance,
la possession d'un objet mobilier ou immobilier.

Si le nantissement mobilier peut suffire, dans certains
cas, il était impossible que le gage immobilier, même avec
le pacte d'antichrèse (1), pût donner pleine satisfaction
aux parties et aux tiers. La tradition faite dans ces conditions créait l'incertitude, l'équivoque, et les tiers ne pouvaient pas discerner, d'une façon certaine, quel était le propriétaire véritable. D'ailleurs, si le créancier était assuré,
le débiteur était sacrifié : l'engagement de tout l'immeuble
pour une créance quelquefois relativement faible, autre-

---

1. On a dit avec raison qne « l'antichrèse n'est pas un contrat de peu-
« ple civilisé. » V. M. Pougeard, *Explications à l'appui du projet de
loi sur la réforme hypothécaire.* V. aussi M. Troplong, préface du *nantissement.*

ment dit l'impossibilité de proportionner le gage ainsi cons-
titué à la créance qu'il faut garantir ; l'indifférence d'un
détenteur qui n'a pas un intérêt (1) bien considérable à
améliorer la chose ; tels étaient, dans cette hypothèse, les
principaux inconvénients.

Il fallait donc trouver autre chose pour les garanties devant porter sur les immeubles. En conséquence, on pensa
à transmettre au créancier la propriété même de l'immeuble, sous la condition d'une rétrocession, au cas de paiement à l'échéance : c'est la fiducie du droit romain, la
vente à réméré de notre droit français. Les inconvénients
sont encore considérables, surtout pour le débiteur ; ce
dernier, en effet, perd tout son immeuble par suite d'une
seule créance ; il se trouve grevé des frais de mutation, et
d'un autre côté, il voit son immeuble dépérir entre les
mains d'un propriétaire qui n'est pas certain d'en conserver la propriété.

On essaya de remédier à ces inconvénients en ajoutant à
la vente conditionnelle que nous examinons, une stipula-
tion spéciale de relocation en faveur du débiteur. De cette
façon, celui-ci retenait la possession de son ancien immeuble, à titre de locataire, de fermier. Il pouvait donc veiller
à l'entretien, à la culture ; mais alors les tiers ne savaient
plus exactement à quel titre le débiteur détenait l'immeuble ; ils étaient exposés à toutes les fraudes.

D'autres fois le débiteur gardait le fonds aliéné, par suite

1. V. P. Pont, tome 1er, page 307. Duranton, tome 19, page 13.

de la concession d'un précaire. Mais « il n'obtenait ainsi « qu'un avantage d'une durée incertaine, à cause de la « révocabilité du précaire (1) » ; et le danger résultant d'une aliénation consentie par le créancier n'était conjuré ni par la concession du précaire, ni par la relocation.

C'est alors, en face de toutes ces impossibilités, que s'introduisit la notion d'hypothèque, notion plus subtile que les idées précédentes, et qui a dû, par conséquent, apparaître la dernière. Elle suppose le droit de propriété bien défini et « un degré de culture intellectuelle assez élevé (2). »

Le créancier eut un droit réel sur l'immeuble du débiteur, avec le pouvoir de faire vendre, pour se payer sur le prix en cas de non paiement. Mais le débiteur conserva comme auparavant, et la propriété, et la détention, et l'usufruit. Ce droit s'attacha à la chose, la suivit entre toutes les mains, afin de procurer au créancier un droit de préférence sur le prix. Ici les deux parties obtiennent satisfaction. Le débiteur garde son bien, et le créancier est sûr d'être payé avant les autres.

Mais les autres créanciers, les tiers, vont-ils être également satisfaits de cette combinaison ?

§ 3. — C'est à ce troisième point de vue qu'il faut maintenant nous placer.

Les créanciers antérieurs au contrat considéré avaient

1. Ortolan, Droit romain, Ed. 1883, tome 3, Appendice, page 921.
2. Dalloz, Répertoire, *Privil. et hypoth.*, p. 7.

toute faculté de stipuler pour eux des garanties suffisantes. Supposons qu'ils aient eu la sagesse de le faire, et passons aux créanciers postérieurs.

Voici alors quelle est la situation : le débiteur a consenti à son créancier la sûreté particulière que nous avons définie sous le nom d'hypothèque ; puis il a un nouveau besoin de trouver du crédit ; dans ces conditions il s'adresse aux tiers en question. Ces derniers, avant de prêter, tiennent, eux aussi, à assurer leur remboursement ; ils vont faire comme le premier créancier. Ils vont demander une hypothèque, et voici que le débiteur leur offre en garantie le fonds qu'il a déjà engagé une première fois. Alors, « ils mesureront leur confiance sur la valeur représentée par cette garantie » (1). Mais quelle est au juste cette valeur ? Est-elle ce qu'elle paraît être ? Non, car dans notre hypothèse elle a déjà subi une diminution à cause de l'hypothèque précédemment créée. Ainsi, remarquons-le bien, cette garantie immobilière, qui peut sembler considérable, « va devenir illusoire, si déjà l'emprunteur a établi des hypothèques sur cet immeuble ; et s'il réussit à en donner de nouvelles, les premières restant ignorées » (2), les créanciers ainsi avantagés trop tard vont être trompés dans leur attente, car ils seront repoussés à un rang plus ou moins éloigné par les créanciers hypothécaires antérieurs, dont le droit de préférence viendra victorieusement s'affirmer contre le leur.

1. 2. Grenier, discours préliminaire.

§ 4. — On voit déjà se dégager le principe qui de toute nécessité, doit dominer la théorie de l'hypothèque, si l'on veut que cette dernière conduise à des résultats féconds : il faut que l'hypothèque soit publique, pour que le crédit aille à celui qui présente d'infaillibles garanties, pour que les tiers qui veulent bien devenir créanciers du propriétaire d'un immeuble ne reçoivent pas cette hypothèque illusoire, factice, dont nous parlions tout à l'heure, et pour qu'ils ne se trouvent pas, en fin de compte, repoussés par des créanciers antérieurs dont ils ignoraient les droits. S'ils ne sont pas certains de pouvoir opposer à tous la garantie que leur offre le débiteur, ils garderont leurs capitaux ; le prêt ne sera pas formé et cela au détriment des parties qui, cependant, y ont toutes les deux intérêt. Au contraire, si ces deux parties « contractent avec un gage assuré, les ca- « pitaux ne restent pas oisifs; les fonds circulent, les « transactions se multiplient, toute la richesse de la so- « ciété est en action (1). »

D'un autre côté, puisque le droit réel s'exerce à l'encontre de tous, il est profondément juste qu'il ne soit respecté qu'autant qu'il se révèle à tous par des signes absolument certains. Et d'ailleurs, avec un régime de publicité, le droit de préférence s'explique tout naturellement : « Le « créancier postérieur a été informé des droits du créancier « antérieur ; il n'a donc pu contracter que sous la condi- « tion d'être primé par lui (2). »

1. Observation du tribunal de Bruxelles, sur le projet de Code civil, *Hypothèques*, p. 30.
2. Rapport de M. de Vatimesnil, lors de la réforme hypothécaire.

Ainsi on est amené à dire que, dans un tel régime, toute hypothèque non rendue publique par des moyens qui, pour l'instant, nous importent peu, ne peut valoir vis-à-vis des tiers, créanciers futurs du débiteur considéré.

De ce que l'hypothèque doit être publique, de ce que des moyens doivent être mis à la portée des tiers qui leur permettent de se renseigner sur son existence, les tiers doivent aussi pouvoir reconnaître d'une manière précise sur quels immeubles, individuellement déterminés, se basera cette hypothèque. Autrement dit, le principe de la publicité a pour corollaire nécessaire celui de la spécialité. Mais cela ne garantit pas encore pleinement le créancier.

§ 5. — Vous me donnez une hypothèque sur le fonds Cornélien. Mais en êtes-vous propriétaire? Comment me le prouverez-vous? Je sais, il est vrai, que depuis de longues années cet immeuble vous appartient. Mais si hier vous l'avez vendu, ou bien encore si hier vous avez consenti un usufruit, une servitude, un bail de vingt années, etc., cette propriété peut n'être plus désormais entre vos mains qu'un gage de valeur médiocre, et même nulle, dont je ne puis me contenter. Donc, pour que je sois parfaitement assuré, autrement dit, pour que le système de la publicité se tienne réellement debout, et que le prêteur soit à l'abri de toute surprise et de toute équivoque, il faut que tous les actes translatifs de droits réels affectant, amoindrissant l'immeuble d'une manière notable, soient rendus publics et ne soient considérés comme valables vis-à-vis des tiers qu'à partir du

— 13 —

moment où cette publicité aura été effectuée ; il faut pour les mutations de la propriété comme pour les hypothèques que l'adage : *paria sunt non esse et non significari*, se trouve réalisé. « La solidité de la propriété immobilière, « c'est la base essentielle *et sine qua non* d'un bon régime « hypothécaire (1). »

§ 6. — Jusqu'ici nous nous sommes uniquement occupé de l'hypothèque qui découle de la volonté de l'homme, c'est-à-dire de l'hypothèque dite conventionnelle.

Si cette hypothèque existait seule, le principe de la publicité, avec l'extension que nous lui avons donnée, sauvegarderait les intérêts des tiers d'une façon absolue, et les prêts sur hypothèque ne laisseraient aucune prise à la mauvaise foi.

Mais à côté de la nécessité d'empêcher cette mauvaise foi du débiteur qui voudrait, par des hypothèques successives et cachées, engager son immeuble au delà de sa valeur vraie, il existe d'autres principes non moins dignes de considération.

Par exemple, la loi doit protéger la femme mariée (2), puisqu'elle la place, vis à vis de son mari, dans un état de dépendance, puisqu'elle confie en général à ce mari, au nom de l'unité de direction qui doit présider à l'union conjugale, un large pouvoir d'administration sur la fortune personnelle de la femme.

1. M. Demolombe, *Traité des Contrats*, tome 1er, page 423.
2. « *Ne damnum patiatur, suis que rebus defraudetur.* » Loi 12, § 2, Code, *qui potiores in pignore.*

De même l'administration des biens des mineurs et des interdits ne doit pas être abandonnée aux tuteurs sans une garantie suffisante. « L'institution de la société », disait la Cour de cassation dans ses observations sur les projets de réforme de 1841, « a pour but de venir en aide aux faibles et d'assurer à chacun ce qui lui appartient. »

Ainsi donc, deux grands intérêts sont en présence (1) : 1° Les femmes, les mineurs et les interdits doivent être protégés contre la fraude ou la mauvaise administration des tuteurs et des maris ; 2° l'intérêt du crédit immobilier (autrement dit la prospérité de l'agriculture) exige que toutes les mutations de propriété, que toutes les charges, toutes les modifications de cette propriété soient connues de tous, par l'existence d'une formalité certaine, durable, et publique.

Or, dans beaucoup de législations, on a cru, à tort ou à raison, que le meilleur moyen de protéger les incapables dans leur fortune était d'accorder à ces derniers une hypothèque sur les immeubles de la personne chargée de l'administration de leurs biens. Et comme les incapables ne pouvaient veiller par eux-mêmes à rendre public ce droit qu'on leur donnait, comme « la justice civile », ainsi que l'a dit le premier consul, « s'opposait à ce qu'on reportât sur le mineur « et sur la femme les suites d'une négligence « qu'il n'était pas en leur pouvoir d'empêcher (2), » l'hy-

---

1. Nous laissons de côté l'hypothèque judiciaire : sa justification nous entraînerait trop loin.

2. Locré, tome 16, page 191.

pothèque légale dut être déclarée valable *erga omnes,* même quand elle aurait été cachée aux tiers, c'est-à-dire même quand elle aurait été tacite, occulte.

Voilà donc une première disposition qui va heurter de front notre principe de la publicité de l'hypothèque. Nous aurons à étudier cet antagonisme perpétuel entre la protection due aux incapables et les exigences du crédit.

Quant aux doctrines économiques qui se sont fait jour sur le crédit foncier, depuis la fin du siècle dernier, il faut surtout dégager le principe suivant : en général, le crédit commercial est étranger à celui qui est basé sur un bon régime hypothécaire. Je n'en veux pour preuve que la tendance absolument certaine qu'ont tous les négociants à conserver leurs immeubles libres de toute hypothèque (1).

Nous nous proposons de dire quel accueil on a fait dans les diverses législations, au principe si fécond de la publicité des hypothèques. Nous aurons aussi à étudier la lutte de notre principe avec les idées de protection qui ont donné naissance à l'hypothèque légale, idées au moins aussi respectables que celles qui rendent la publicité nécessaire.

« Il n'y a pas, dit M. Laurent, d'histoire plus intéres-
« sante que celle des origines de la publicité qui préside
« aujourd'hui à toutes les transactions immobilières (2). »

C'est précisément cette histoire que nous avons à raconter.

1. Voyez le rapport de Crassous, séance du 3 germinal, an VI.
2. Tome 29, du *Nantissement.*

DROIT GREC ET ROMAIN

CHAPITRE Ier

DE LA PUBLICITÉ A ATHÈNES (1).

§ 1. — Il est remarquable que les Athéniens comprirent immédiatement quel devait être le caractère essentiel de tout régime hypothécaire sérieux. La publicité fut, dès le début (2), le trait caractéristique de l'hypothèque à Athènes (3). Le moyen employé pour la réaliser fut, avec la solennité du contrat, l'apposition de signes extérieurs, appelés οροι (4), placés sur le fonds hypothéqué, et indi-

1. Nous ne nous occupons pas des législations anciennes autres que celles d'Athènes et de Rome, bien que M. le marquis de Pastoret (*Histoire de la législation*, tome 3, page 455) signale l'existence de l'hypothèque chez les Hébreux. « Si, dit-il, le gage présenté est d'une valeur insuffi- « sante, on y supplée en donnant une sorte d'hypothèque sur son champ, « ou sur toute autre possession. »

2. Il est probable, d'après les tendances commerciales des Grecs, qu'on trouverait l'origine de l'hypothèque dans le contrat à la grosse (Jourdan, l'*Hypothèque*, page 143).

3. E. Martou, *Commentaire de la loi belge de* 1851, tome 2, page 293.

4. Nous traduirons indifféremment ορος par enseigne, borne, poteau, tableau, brandon, colonne, etc.

Leray   2

quant d'une façon précise le montant des charges dont
l'immeuble était grevé. « Et ces marques, dit Loyseau,
étaient apparentes, afin qu'on les vît de loin (1). » Ce système, comme nous le montreront les textes, resta en vigueur de Solon à Démosthènes, c'est-à-dire pendant plusieurs siècles (2). C'était d'ailleurs un usage universellement répandu en Gréce que celui de planter des bornes
pour indiquer uné affectation spéciale des fonds. Les Athéniens appliquèrent cette idée à la publicité des droits réels.
Mais, dans leur législation, « on chercherait vainement
« une définition précise de l'hypothèque....., il n'y a ni
« théorie scientifique, ni dispositions légales ; il y a une
« coutume, une pratique universelle...., (3). » En tous
cas, seuls les citoyens pouvaient être créanciers hypothécaires, de même que seuls ils pouvaient être propriétaires
d'un fonds.

Les Athéniens semblent avoir eu recours à la publicité
des hypothèques, pour fixer sans fraude possible le crédit
immobilier de chaque citoyen, dès les temps les plus recu-
lés de leur histoire. Les ὅροι existaient avant Solon, puisque ce dernier se vante d'avoir fait disparaître de l'Attique
les écriteaux qui désignaient les terres hypothéquées (4).
Voici le passage de Plutarque (5) : « Cependant on con-

1. Déguerp., III, 1, nº 21.
2. *Documents hypothécaires*, introduction.
3. Jourdan, l'*Hypothèque*, p. 145.
4. Ce ne fut, bien entendu, qu'une disparition momentanée.
5. Plutarque; Vie de Solon, traduction Alexis Pierron, tome 1er, page
200.

« vient généralement que la décharge fut une véritable
« abolition des dettes, et ce sentiment est confirmé par ce
« que Solon lui-même a dit dans ses poésies, où il se glo-
« rifie d'avoir fait disparaître de l'Attique les écriteaux qui
« désignaient les terres hypothéquées : « La terre, serve
« auparavant, dit-il, est libre maintenant, etc. »

Plus tard, Isée, le maître de Démosthènes, nous montre
une hypothèque, αποτιμημα, garantissant la fortune de mineurs, hypothèque rendue publique, d'ailleurs, au moyen
des οροι (1).

Mais ce sont surtout les plaidoyers de Démosthènes qui
nous fournissent, à cet égard, les documents les plus inté-
ressants.

Phénippe, riche Athénien, pour ne pas être rangé dans
la classe la plus imposée de la République, allègue que les
biens possédés par lui sont grevés d'hypothèques : « Montre les οροι, lui répond Démosthènes ; et il continue : « As-
« tu donc oublié, Phénippe, que j'ai visité ta demeure
« avec des témoins... (2) ».

Onétor marie sa sœur, la dote, et pour cette dot, prend
hypothèque sur les biens d'Aphobos, le mari.

Citons encore le plaidoyer de Démosthènes contre Spudias.

Un citoyen d'Athènes, nommé Polyeucte, avait deux
filles. Il maria d'abord la plus jeune successivement à

---

1. Sur *la succession de Philoctémon*, § 36.
2. Voyez Démosthènes contre Phénippe, traduction Stiévenart p. 617.

Léocrate et à Spudias ; puis il maria l'aînée à Tertius. Chacune reçut pour dot 4000 drachmes. La première mariée, la plus jeune, reçut sa dot en entier ; mais l'aînée n'en eut que les trois quarts, et Tertius reçut une hypothèque, pour le quart restant, sur la maison de Polyeucte. Après la mort de ce dernier, Spudias ayant élevé la prétention de partager la maison par parts égales, Tertius demanda à prélever les 1000 drachmes qu'il n'avait pas reçus et pour lesquels il avait hypothèque, et Démosthènes plaida pour lui contre Spudias (1).

Théophraste, dans ses Caractères, nous dépeignant le minutieux, μικρολογος, nous le présente visitant tous les matins ses ορoι pour voir s'ils sont en bon état. Il y avait là, croyons-nous, autant de vigilance que de minutie.

§ 4. — De tous ces exemples et d'autres semblables, il ressort d'une façon certaine que toutes les hypothèques étaient publiques, et qu'en particulier les hypothèques des femmes mariées et des mineurs (αποτιμηματα) étaient conventionnelles comme les autres. Ces sortes de garanties étaient en général obligatoires, surtout pour le tuteur ; mais elles devaient être rendues publiques (2).

Et ce n'est pas seulement à Athènes que ces idées de publicité avaient prévalu. A Cyzique, par exemple, il y avait un registre spécial pour les hypothèques ; de même à

---

1. V. sur ce plaidoyer : Martou, tome 2, page 523 ; Thémis, tome 4, page 308 ; Dareste, *Inscriptions hypothécaires* en Grèce, page 5 ; la traduction de Stiévenart, pages 336 et suiv.

2. Dareste, les *Inscriptions hyp. en Grèce*, p. 7.

Chio (1) ; et dans beaucoup d'autres cités, comme l'hypothèque telle que nous la concevons n'existait pas encore,
les ventes à réméré qui en tenaient lieu étaient toutes soumises à la transcription.

§ 5. — Disons maintenant quelques mots des ὅροι considérés en eux-mêmes, en tant que réalisant pratiquement la
publicité.

Nous possédons un peu plus de cinquante inscriptions
hypothécaires sur des pierres souvent mutilées (2).

(a). — Beaucoup se réfèrent à des ventes avec faculté
de rachat.

Exemple :

1° « Enseigne (ὅρος), d'un atelier vendu à réméré, ensemble des esclaves, 700 (drachmes), à Pythocrite, de
« Hamaxas. »

2° « Enseigne d'une maison vendue à réméré à Arché-
« nomidès, 1000 drachmes. »

3° « Au nom des dieux ! Enseigne d'un atelier et d'es-
« claves vendus à réméré à Phidon, d'Œxoné, 1 talent. »

(b). — L'ὅρος suivant consacre le privilège du vendeur :
« sous l'archontat de Théophrase, enseigne d'un terrain
« dont le prix est dû à Phanostratos, de Pœania.

(c). — Voici de même un exemple d'antichrèse :
« Enseigne d'un terrain et d'une maison hypothéqués

1. Dalloz. *Histoire générale du Droit français*, page 23.

2. Ces inscriptions et autres semblables se trouvent dans la seconde
partie du tome II *du corpus inscriptionum Atticarum*, publié par
M. Köhler, en 1883.

« pour 800 drachmes, à condition que celui qui prend en
« hypothèque aura la détention et la possession, confor-
« mément au contrat déposé chez Dinias d'Evonymia.

(*d*). — Les ὅροι garantissant des ἀποτιμήματα au profit des
mineurs et des femmes mariées sont en grand nombre :

1° Enseigne d'un terrain et d'une maison affectés en
garantie à l'orphelin, enfant de Diogiton, de Probalinthe ;

2° « Sous l'archontat de Nicoclès, enseigne de terrains
et d'une maison et de l'eau appartenant aux dits terrains,
formant deux lots affectés en garantie à Chœrippos et
Charias, enfants orphelins de Charias › ;

3° Enseigne d'un terrain et d'une maison affectés en garantie à la dot de Timodikè, fille de Philippe, d'Anagyra,
4500 drachmes ;

4° Sous l'archontat d'Euxénippos, enseigne de terrains
et de maisons affectés en garantie à la dot de Xénariste,
fille de Pythodoros, de Gargettos, pour la moitié du capital et les intérêts de cette moitié jusqu'à l'archontat de
Léostratos, 2700 drachmes.

(*e*). — Remarquons que, parmi les ὅροι qui nous sont
parvenus, il n'y a qu'une inscription relatant deux hypothèques successives sur le même fonds. La voici :

« Enseigne d'un terrain affecté à la dot d'Hippocléia,
fille de Démocharès de Leuconoé, un talent. Le surplus
(τὰ ὑπερεχοντα) de la valeur est hypothéqué aux Cécropides,
aux Lycomides et aux démotes de Phlya (1). »

---

1. Cette inscription n'est pas dans le *corpus* de M. Köhler. Elle est rap-
portée par M. Dareste, *loco citato*, p. 14.

Cela semble indiquer que l'usage des secondes hypothèques n'était pas très répandu dans le droit athénien.

(*f*). — En somme, les éléments qui figurent dans l'inscription sont au nombre de trois : L'ὅρος contient :

1° Le nom du créancier. Celui du débiteur y figure rarement ; cela se comprend, puisque l'ὅρος est fixé sur le fonds ;

2° L'objet de l'hypothèque : terrain, maison, jardin, atelier, etc.

3° Le montant de la créance.

(*g*). — Les plus anciens de ces ὅροι sont postérieurs à la guerre du Péloponnèse ; les plus récents remontent au troisième siècle avant Jésus-Christ.

§ 6. — Demandons-nous en finissant ce qu'il faut penser de ce mode de publicité.

On l'a critiqué (1), car l'appauvrissement du débiteur était révélé non-seulement aux tiers intéressés, mais encore aux indifférents (2). On peut toutefois l'expliquer par la forme même du gouvernement d'Athènes : puisque tous étaient appelés à gérer la fortune publique, il était bon que tous les citoyens pussent se prononcer en connaissance de cause (3).

D'ailleurs, il est certain qu'un territoire étendu s'accommoderait difficilement d'une semblable publicité (4), et

---

1. M. Laurent, tome 30, p. 142.
2. Introduction de documents relatifs à la réforme hypothécaire.
3. Sirey, tome XII, p. 219.
4. Duranton, tome XIX, p. 12 en note.

sauf une exception récente (1) et curieuse à notre époque moderne, l'inscription sur des registres publics est le seul mode auquel on ait réellement eu recours.

A Athènes, du reste, les ventes d'immeubles étaient rendues publiques par le concours des témoins à l'acte (2), et par l'inscription au registre de perception du centième denier.

Le système, on le voit, était complet et, pour nous résumer, nous dirons avec M. Caillemer (3) : « Il y a un siècle, « la sécurité de transaction était moins grande qu'elle ne « l'avait été, quatre siècles avant notre ère, dans la Répu- « blique d'Athènes. »

1. Article 14 du projet de loi sur le crédit foncier, présenté à la Chambre des pairs du Portugal, dans la séance du 12 juillet 1858, par S. Exc. Da Silvâ Ferrao : « Outre la publicité légale, manifestée et confirmée par l'en- « registrement, les parties pourront, pour donner plus de notoriété aux « charges et droits fonciers, convenir que sur les immeubles respectifs se « placera une pierre saillante et visible sur laquelle seront gravés les charges « et droits fonciers.... »

2. Garsonnet. *Locations perpétuelles*, page 10, note 2.

3. Caillemer. *Le crédit foncier et les institutions commerciales à Athènes.*

CHAPITRE II

DE LA PUBLICITÉ A ROME

Section I

§ I. — Dans les premiers siècles de Rome, on ne connaît pas l'hypothèque. Les garanties réelles s'obtiennent au moyen de la vente avec pacte de *fiducie*, et au moyen du gage (*pignus*).

La vente avec pacte de *fiducie* se réalisait par la mancipation ou la *cessio in jure*. Le créancier devenait propriétaire de la chose ; la clause de *fiducie* venait s'ajouter à ces solennités (1). Mais le débiteur n'avait pas la revendication ; « Il se fiait au créancier » (2). Par le contrat de *pignus*, au contraire, il conserve cette faculté de revendiquer sa chose, car il n'en perd plus la propriété ; la possession seule lui est enlevée. Le créancier a le pouvoir de vendre le gage si, à l'échéance, le débiteur ne peut s'acquitter de son obligation ; il a, de plus, l'exercice des interdits possessoires.

Nous avons, dans les notions préliminaires, développé les inconvénients généraux de ces deux modes de procéder ; nous n'avons donc pas à y revenir. Remarquons cependant

1. Gaïus, II, § 60. — Paul, *Sent.*, livre 2, titre 13.
2. Machelard, *Textes de droit Romain*, page 107.

que la *fiducie* est publique, en raison même de la publicité du transfert de propriété, et dans les limites de cette publicité.

§ II. — Ce fut le droit prétorien qui introduisit dans la pratique romaine un système hypothécaire. Le préteur Servius, conformant en cela la législation aux besoins de l'époque, accorda, par l'action *Servienne*, un droit de suite au bailleur d'un héritage rural, sur tout ce que la simple convention avait assigné, parmi les meubles et ustensiles aratoires du preneur, comme garantie de la sûreté des fermages. On étendit d'abord l'application de cette idée à un héritage urbain ; puis, par une généralisation considérable et qui, d'après certains auteurs, fut faite à l'imitation du droit grec, une action quasi-servienne ou hypothécaire fut donnée au créancier contre tout débiteur affectant, par une simple convention, un meuble (1) ou un immeuble à la garantie d'un engagement. L'hypothèque exista dès lors avec ses trois éléments principaux : droit de suite, de vente, et de préférence sur le prix.

§ III. — Quel est ce préteur Servius, qui fut ici « l'organe du droit coutumier », c'est-à-dire à quel moment l'hypothèque s'introduisit-elle à Rome ? Il règne ici beaucoup d'incertitude, et pourtant cette question, si elle était résolue d'une façon précise, pourrait peut-être jeter un peu de lumière sur l'importante controverse qui va suivre.

1. Nous ne nous occuperons jamais que de l'hypothèque portant sur les immeubles.

Dans une de ses lettres (1), Cicéron prie Thermus, propréteur en Cilicie, de veiller à l'exécution d'un contrat hypothécaire : déguerpir ou payer, telle est l'alternative qu'il impose au débiteur. Donc Cicéron connaissait l'hypothèque. Mais si elle était pratiquée en Cilicie, elle pouvait ne pas l'être à Rome (2), surtout si on remarque que Cicéron n'a pas écrit dans sa lettre le mot hypothèque en latin, mais en grec.

Ajoutons que Cicéron, énumérant les actions de bonne foi (*De officiis*, III, n° 15) ne parle pas de l'action hypothécaire. D'un autre côté, Gaïus (Inst. IV, § 62) ne cite pas non plus l'action hypothécaire, et cependant Gaïus connaissait l'hypothèque puisqu'il a composé un traité de *formulâ hypothecariâ* (3). Il est vrai que ce § 62 est mutilé.

Schilling (4) ne se prononce pas d'une façon précise. MM. Didier-Pailhé et Tartari se contentent d'enregistrer l'époque où les textes deviennent explicites : « Il est cer- « tain que le droit romain s'ouvrit à l'hypothèque dans le « deuxième siècle de notre ère, au plus tard. »

En tous cas, la préférence bien marquée des créanciers pour les garanties personnelles retarda peut-être beaucoup le développement de l'hypothèque. On trouve, en effet, à la fin de la République et même au commencement de l'Empire, des textes qui affirment cette préférence (5).

1. Traduction Nisard, tome 5, page 223.
2. En ce sens Demangeat, *Traité de droit romain*, tome 2, p. 523.
3. Lois 4 et 15, Digeste XX, 1.
4. Traduction Pellat, p. 33.
5. Scœvola, loi 34, § 1, Dig. XX, 1 ; Labéon, loi 14, Dig. XX, 6.

Tout au contraire, M. Jourdan fait remonter à une époque beaucoup plus reculée la naissance de l'hypothèque :
« Il ne serait pas impossible, dit-il (1), que cette grande
« innovation juridique fût contemporaine de l'époque qui
« suivit les guerres d'Annibal. Il y eut alors un grand
« ébranlement dans toutes les fortunes ; de tous côtés on
« vendait ou on empruntait (2). »

Section II

§ 1. — Ainsi donc, nous n'avons pas de date certaine fixant l'apparition de l'hypothèque à Rome. C'est dans ces conditions peu favorables qu'il faut nous poser la question suivante :

Que fut, pendant les premiers siècles de son fonctionnement, l'hypothèque romaine ?

Fut-elle publique, comme à Athènes ; fut-elle, au contraire, toujours occulte ?

Cette question, à notre point de vue historique, offre un certain intérêt ; elle a divisé les auteurs.

§ 2. — Dès le point le départ se manifeste la divergence. Quelle est l'origine de l'hypothèque à Rome ?

1. L'*Hypothèque*, p. 126.

2. Beaucoup revendiquent pour Servius Sulpicius, ami de Cicéron, l'honneur d'avoir inscrit dans l'édit la formule de l'action Servienne. M. Jourdan, en sens inverse, affirme que ce Servius Sulpicius ne fut jamais préteur urbain, et que l'action Servienne est « certainement plus « ancienne que cela. »

Cette question préliminaire a bien son importance, car
« si réellement l'hypothèque fut empruntée à la Grèce, on
« dut la prendre telle quelle, sans la morceler ni la ré-
« duire » (1). Dans ce cas, elle aurait été publique. Si au
contraire, elle est un produit de la seule réflexion des pré-
teurs, cet argument disparaît.

Les uns affirment leur croyance à une importation grecque. D'autres, comme M. Jourdan, cherchent cette origine
exclusivement dans les institutions romaines, et la trouvent dans le droit public. Quand l'Etat aliénait, l'acquéreur
devait donner caution pour le prix, et, de plus, *prædia
subsignare*, c'est-à-dire désigner sur un registre public des
immeubles à lui appartenant, d'une valeur suffisante, et
non encore engagés. Ces immeubles devaient constituer
pour l'Etat une sûreté réelle, une véritable hypothèque,
avec droit de suite et de vente. Or, dit M. Jourdan (2),
« l'Etat a toujours pratiqué l'hypothèque dans la *subsi-
« gnatio prædiorum*. »

Reprenons le problème d'un peu plus haut.

De toute antiquité, si on en croit la tradition, Rome et
la Grèce furent en relations. C'est ainsi que nous voyons
Tarquin le Superbe envoyer à Delphes, pour y consulter
l'oracle, ses deux fils et son neveu Brutus, celui-là même
« qui contrefaisait l'insensé » (3).

Après la chute du même Tarquin le Superbe, quand la

1. Accarias, *Précis de droit romain*, 3e édit. tome I, p. 698, en note.
2. L'*Hypothèque*, p. 64.
3. Duruy, *Histoire des Romains*, tome I, p. 98.

plèbe eut enfin obtenu qu'on lui donnât des lois, on envoya trois citoyens dans l'Italie méridionale et en Grèce pour y recueillir les éléments de la future législation.

Alors, dit-on, comment peut-il se faire que les décemvirs, auteurs des XII Tables, aient ignoré la législation d'Athènes touchant la publicité ?

Vico a été arrêté par cette question ; il la résoud en disant que les Romains n'ont rien emprunté aux Grecs, et que cet envoi des trois commissaires n'est qu'une invention des patriciens qui voulaient amuser la plèbe, et gagner du temps ; poursuivant cette thèse, l'illustre Italien ajoute :
« Ainsi durent être attribuées aux décemvirs et ajoutées
« aux XII Tables un grand nombre de lois que nous
« prouverons n'avoir été faites qu'à une époque posté-
« rieure. Je n'en veux pour exemple que la défense d'imi-
« ter le luxe de Grecs dans les funérailles. Défendre l'abus
« avant qu'il se fût produit, c'eût été le faire connaître et
« comme l'enseigner (1). »

Nous répondrons à Vico que ce voyage des commissaires en Grèce est aujourd'hui un fait à peu près acquis. Denys d'Halicarnasse et Tite-Live donnent les noms des trois envoyés. Les décemvirs, d'après Pomponius, furent aidés dans la traduction de ces lois par un Grec, exilé en Italie, nommé Hermodore ; il existait encore à Rome une statue de ce dernier au temps de Pline l'Ancien (2).

1. Vico, *Philosophie de l'histoire*, livre 2, chapitre 3, paragraphe 3, traduction Michelet.

2. Accarias, 3e Edition, tome 1er page 64, en note.

Gaïus, au livre 4 de son commentaire sur la loi des XII Tables nous dit que, à Rome, on doit appliquer la loi de Solon, lorsqu'il s'agit de fixer l'intervalle que doit laisser inoccupé, sur son terrain, celui qui veut planter ou bâtir près de l'héritage voisin (1). — Au même endroit Gaïus nous dit : les corporations et les colléges peuvent contracter en respectant les lois ; et il ajoute : *Hœc lex videtur ex lege Solonis translata esse* (2).

S'il est incontestable, dirons-nous, que les grands principes du droit Romain, et surtout ceux qui régissent la famille, n'ont pas été tirés de la législation athénienne, il faut décider que certaines lois de moindre importance, par exemple des lois de police ou encore des lois somptuaires, ont été empruntées au droit grec (3).

Par la suite, Rome conquiert l'Italie en général et la Grande Grèce en particulier, et les guerres contre Tarente et Pyrrhus tendent à établir un contact encore plus intime entre les Grecs et les Romains. Vient ensuite la conquête de la Grèce elle-même. La connaissance des lois grecques s'implante encore plus profondément. « *A Theophrasto leges etiam cognovimus* », dit Cicéron (4). Pomponius et

---

1. Voyez ce texte au Digeste, loi 13, *Finium regundorum*.

2. Voyez ce texte au Digeste, loi 4, de *Collegiis et corporibus*.

3. M. Bonjean, *Traité des actions*, tome 2, page 168, ne se prononce pas sur ce point : « Les décemvirs, dit-il, ne connurent pas la législation « grecque sur la publicité, ou du moins ils ne crurent pas devoir l'imiter. »

4. *De Finibus*, V, 4.

Paul (1) invoquent également l'autorité de Théophraste, et Rudorff fait observer que Servius Sulpicius, dont nous avons parlé plus haut, fut pendant deux ans chargé par César de l'administration de l'Asie, et qu'il put s'y familiariser avec l'hypothèque grecque (2).

Donc, au point de vue purement historique, il n'est pas impossible d'admettre que le préteur, en créant l'hypothèque, avait à l'esprit la législation athénienne.

Mais ce n'est qu'une présomption ; nous ne pouvons conclure de là que l'hypothèque romaine est certainement d'importation grecque, et surtout qu'elle fut publique à Rome, comme elle l'était à Athènes.

§ 3. — Ces notions historiques une fois connues, arrivons à la véritable controverse.

Un certain nombre d'auteurs soutiennent que, pendant un certain temps, l'hypothèque fut publique à Rome. Citons, par exemple, dans ce sens, Loyseau (Déguerpissement, liv. III, chap. 1er, no 25); Godefroi sur la loi *quod vi aut clam* au Digeste; Réal, au Conseil des Cinq Cents (séance du 11 nivôse an V, page 412 du *Moniteur de l'an* V); Duranton (tome 19, page 12, en note); Tribunal d'appel de Grenoble sur le projet de Code Civil; Introduction aux documents relatifs au régime hypothécaire; Martou (*Commentaire de la loi belge de* 1851, tome 2, page 294), etc. etc.

Signalons encore l'opinion de Basnage : « La publicité, dit-il, n'eut jamais lieu pour les hypothèques convention-

1. Digeste, livre 1, titre 3, lois 3 et 6.
2. Jourdan, page 117.

« nelles, ni parmi nous, ni parmi les Romains ; » puis il ajoute aussitôt : « Lorsque les créanciers voulurent faire « cette injure (?) à leurs redevables, cela leur fut expres- « sément défendu par les empereurs. » Basnage admet donc au moins une tentative de publicité.

§ 4. — Nous allons maintenant parcourir les arguments positifs, tirés des textes, que font valoir ceux qui pré- tendent que l'hypothèque fut publique à Rome. Nous ne les réfuterons pas, du moins en général. Nous nous con- tenterons de montrer que les textes invoqués à l'appui de cette thèse sont susceptibles d'être autrement interprétés, et que, par conséquent, la publicité, si elle a réellement existé à Rome, n'a laissé aucune trace certaine dans la lé- gislation.

On met tout d'abord en avant l'étymologie grecque du mot hypothèque et l'on dit : si le préteur a emprunté le mot, il a dû aussi emprunter la chose ; il suffit de répondre que cela n'est point certain ; « l'argument est sans portée », dit M. Jourdan (1).

Les textes, dit-on alors, ont dû garder des traces de l'état de choses antérieur, si cet état de choses n'était pas primitivement basé sur la clandestinité. Avant d'entre- prendre l'explication des textes qu'on invoque, nous croyons nécessaire de dire quelques mots de deux institu- tions romaines connues sous le nom de *pignus prætorium* et de *pignus judiciale* (2). *Pignus prætorium* : Le ma-

1. *L'Hypothèque*, page 19.
2. M. Grenier, contredit en cela par M. Troplong, voit là l'origine de notre hypothèque judiciaire.

gistrat envoie les créanciers, sur leur demande, en possession des biens de leur débiteur commun. Ces biens deviennent entre leurs mains une sorte de gage, un *pignus
prætorium*. Le débiteur est dessaisi, et la masse des créanciers actuels a un droit de préférence sur les créanciers
que le débiteur pourrait avoir postérieurement. Justinien
accorde le droit de suite à ce *pignus* ; il lui donne même
le nom d'hypothèque (1). *Pignus judiciale* : Comme son
nom l'indique, ce *pignus* suppose un jugement préexistant.
C'est une saisie partielle. Certains biens désignés par le
magistrat deviennent le gage du créancier qui est, de cette
façon, non-seulement protégé contre le débiteur condamné
et récalcitrant, mais qui a de plus (2) le droit d'invoquer
en sa faveur, quant à ces biens, la maxime : *prior tempore, potior jure*. Dans les textes, ce second droit de gage
s'appelle *pignus ex causa judicati captum*, ou bien encore
rei judicatæ pignus captum....

« Le préteur refusait rarement l'envoi en possession.
« La *bonorum proscriptio* succédait immédiatement à cet
« envoi. Elle était faite au moyen d'affiches placardées
« sur les places les plus fréquentées ; ces *libelli* avaient
« pour but d'avertir les créanciers et les amis du débi-
« teur (3). » « D'ailleurs, à Rome ces envois en possession
« étaient assujettis à la pose des scellés pour les meubles,
« et d'affiches ou brandons pour les immeubles (4). »

1. Loi 2, Code, VIII, 22.
2. Ulpien nous l'atteste, Digeste, Loi 10, XX, 4.
3. Vainberg. *De la faillite en droit romain*, page 118.
4. Loyseau. *Déguerpissement*, liv. 3, chap. 1er, nos 27 et 28.

§ 5. — Cela posé, abordons les textes invoqués.

A. — Sénèque, *de beneficiis*, livre 4, chapitre 12 :
« *Spondeo pro judicato, et suspensum amici bonis libel-*
« *lum dejicio, creditoribus ejus me obligaturus : ut possim*
« *servare proscriptum, ipse proscriptionis periculum*
« *adeo.* » M. Comte (1) a voulu voir là une publicité des
hypothèques ; de plus, il traduit la dernière phrase ainsi :
afin de sauver un proscrit, je m'expose moi-même à la
proscription ; il fait donc une erreur et un contre-sens. Ce
que nous avons dit du *pignus judiciale* nous montre bien
l'erreur, et la phrase de Sénèque se doit traduire ainsi :
« Je cautionne un débiteur condamné, et, en m'engageant
« envers ses créanciers, je fais tomber les affiches déjà
« suspendues pour la vente des biens d'un ami : pour
« sauver un homme dont les biens sont en vente, je m'ex-
« pose moi-même à voir vendre les miens (2). »

B. — Loi 22, § 2, Digeste, *quod vi aut clam*. Voici
l'espèce :

Primus avait sur sa porte une affiche dont nous aurons
à déterminer la nature ; Secundus arrache cette affiche et
en met une autre ; Primus détruit l'œuvre de Secundus et
remet les choses dans leur état primitif. Comme cette façon
de procéder ne peut durer indéfiniment, ils agissent tous
deux par l'interdit restitutoire *quod vi aut clam*.

Beaucoup ont dit : voilà une affiche qui constatait une
hypothèque. Godefroi, notamment, fait sur cette loi la

1. Sirey, tome XII, page 249.
2. Sénèque, traduction Nisard.

remarque suivante : *Solebat autem tabula ædibus adfixa indicari ædium hypotheca.*

Cette opinion n'est pas admissible. Tout d'abord, le texte des Instituts (1), qui nous parle des *restitutoria interdicta*, ne nous parle que de personnes luttant pour la possession.

D'un autre côté, en admettant qu'il s'agisse d'une hypothèque, quel serait, dans notre texte, le créancier hypothécaire ?

Est-ce Secundus? Alors Primus serait le propriétaire. Pourquoi Secundus enlèverait-il l'affiche du propriétaire ? Les deux affiches ne peuvent se nuire l'une à l'autre, l'hypothèque ne détruisant pas le droit de propriété.

Est-ce Primus? Alors Secundus serait le propriétaire. Il enlèverait l'affiche hypothécaire de Primus ; je comprends son intérêt. Mais Primus revient à la charge et enlève, lui créancier hypothécaire, l'affiche constatant le droit de propriété de Secundus : nous retombons dans le cas précédent.

Primus et Secundus prétendent-ils tous les deux avoir un droit hypothécaire ? C'est impossible, puisque le texte dit : *ad januam meam!* Donc l'un des deux est certainement un possesseur, et comme nous venons de voir que la combinaison d'un possesseur et d'un créancier hypothécaire est inadmissible, il faut que nous nous trouvions en présence de deux personnes prétendant à la possession.

1. Livre 4, titre 15, § 1.

Cette dernière solution s'accorde d'ailleurs très bien avec les habitudes romaines : souvent les propriétaires mettaient leurs noms à l'entrée de leurs fonds, et non seulement dans les villes, mais encore à la campagne (Exemple : le fonds Cornélien).

On peut donc très bien admettre que notre texte concerne deux personnes qui veulent revendiquer le même fonds. Pour s'assurer l'avantage de la possession, c'est-à-dire un rôle favorable dans l'instance à intervenir, elles se livrent toutes les deux, sur leurs affiches réciproques, à la manœuvre que nous avons racontée.

Cette explication est fort plausible ; elle n'implique aucune publicité des hypothèques.

C. — « Il y a encore une belle remarque, » dit Loyseau, en la loi 20, au Digeste, *De injuriis*.

Voyons cette belle remarque.

Un créancier se rend à la maison de son débiteur, et là, sans y être autorisé par le juge, il se livre à une opération que le texte définit ainsi : *signat*. Dans ces conditions, le débiteur pourra intenter l'action d'injures contre le créancier.

Immédiatement certains auteurs ont traduit un peu longuement *signat* par : il met un écriteau sur la demeure de son débiteur pour affirmer son droit hypothécaire.

Nous croyons que c'est encore une inexactitude ; car, en admettant cette traduction, c'est-à-dire la publicité, le texte mène à ceci : si le créancier avait réellement une hypothèque, il pouvait la rendre publique sans insulter personne : il ne faisait qu'exercer strictement son droit et l'action d'injures ne pouvait pas être donnée. Or en fait elle est donnée ; donc cette première hypothèse est inadmissible. Si le créancier n'avait pas d'hypothèque, il n'aurait pas pu la rendre publique, *signare*, même avec l'autorisation du magistrat, et on ne voit pas ce que font alors dans le texte les expressions : *sine auctoritate ejus*, etc.

Combien plus vraisemblable est l'explication suivante. Le créancier profite de l'absence du débiteur ; il fait mettre les scellés, *signat*, et cela sans la permission de l'autorité compétente. Comme cette mesure tend à faire croire que le débiteur est en déconfiture, comme d'autre part l'intention méchante du créancier résulte de l'absence du débiteur et du défaut d'autorisation du magistrat, le texte accorde au débiteur l'action d'injures.

Cette explication vaut bien l'autre, et la controverse n'est en aucune façon tranchée.

D. — Au code, le titre **17**, du livre **2** : *ut nemini liceat sine judicis auctoritate signa rebus imponere alienis*, va donner lieu à un débat analogue. Les empereurs romains défendent de rendre publiques les hypothèques sans la permission du juge, diront les uns, parce qu'ils y voient un empiètement sur leur souveraineté (1). La raison est étrange, répondra-t-on ; quel rapport peut-il bien y avoir entre l'autorité impériale, et la publicité des hypothèques ? Les choses s'expliquent fort bien autrement. Le

____

1. Loyseau. *Déguerpissement*, livre 3, chap. 1ᵉʳ nº 26 ; E. Martou. *Commentaire de la loi de* 1851, tome 2, page 295.

créancier ne doit pas, *ante sententiam*, se faire justice par ses propres mains ; il ne doit pas s'emparer des biens qu'un autre détient ; il faut qu'il attende l'*auctoritas judicis* pour saisir, *signa imponere*, même si les choses détenues sont siennes ou sont obligées envers lui, hypothéquées par exemple. C'est dans ce cas que l'autorité pourrait se trouver lésée par l'empiétement des particuliers.

E. — Novelle 17, chapitre 15 : *De titulis affixis alienis prædiis. Tituli* veut dire inscriptions, mais aussi affiches de ventes. « Sachez, dit l'empereur, qu'il est dangereux pour les créanciers d'apposer d'avance des affiches de vente sur les biens des débiteurs, et de mettre vos noms dessus, *super scribere vocabula* ; en cas de désobéissance à cet ordre, le fisc agira contre vous comme vous vouliez agir contre autrui : le fisc vous saisira, la confiscation sera prononcée. » En d'autres termes, comme dit Loyseau, Justinien veut que « ès-choses saisies on perde « l'usage des marques et armoiries privées (1). »

F.— La novelle 164, *præfatio*, nous fournirait la même conclusion. L'empereur, en matière de succession, désapprouve la manière de faire de certaines personnes qui « *rebus immittunt signacula, immobilibus vero imponunt* « *titulos.* » Il y a là une défense faite par Justinien de s'immiscer illégalement dans une hérédité.

§ 6. — Tels sont les motifs que l'on peut tirer des textes en faveur de l'existence de la publicité des hypothè-

____

1. Loyseau, n° 28, *loco citato.*

ques ; nous ne les croyons pas suffisants ; et même les présomptions historiques semblaient plus concluantes.

Ajoutons quelques considérations. Nulle part on ne rencontre dans tous ces textes ni le mot *pignus* ni le mot *hypotheca*, ce qui est extraordinaire, si réellement il s'agit de l'hypothèque.

En outre, supposons l'existence de la publicité, supposons l'existence des affiches ou des poteaux. Le débiteur qui fait intentionnellement disparaître ces affiches, puis réalise un nouvel emprunt, commet évidemment un stellionat. Or, au Digeste, le titre 20 du livre 47, qui passe en revue les cas de stellionat, est muet sur l'enlèvement de ces signes extérieurs de la publicité.

Ajoutons que le titre 16 du livre 2 au Code (1), loi 2, contient l'énumération de ceux contre qui on pourrait *vela regia suspendere, vel titulum* ; ce sont : *non dominus, injustus possessor, temerarius invasor*..... mais point le véritable propriétaire ayant à subir l'inscription d'une hypothèque.

Et de plus, on aurait retrouvé les inscriptions hypothécaires romaines, comme on a retrouvé les ὅροι.

A. — Il est vrai que Terrasson, dans son ouvrage intitulé *Veteris Jurisprudentiæ Romanæ monumenta* (Edition 1750, pages 27 et suivantes), nous a conservé le texte en-

---

1. Dans ce titre, *ut nemo privatus titulos prœdiis suis vel alienis imponat, vel vela regia suspendat,* la première loi revendique pour la majesté impériale le droit exclusif de s'affirmer, au moyen d'affiches, propriétaire aux yeux de tous.

tier et fort long de plusieurs inscriptions qui ressemblent fort à des inscriptions hypothécaires. L'auteur présente ensuite (page 63), un commentaire dont nous analyserons la traduction :

D'après un grand nombre d'historiens latins, Trajan avait envoyé aux cités italiennes de fortes sommes d'argent pour secourir les enfants pauvres. Beaucoup de citoyens, entre autres Pline le Jeune, avaient imité l'exemple de leur empereur. Ces libéralités faites par Trajan et les autres furent « *fœnori collocatæ super plurima prædia quæ idcirco* « *iisdem alimentis manserunt obligata, prorata summa-* « *rum argenti quas horum domini prædiorum acceperant;* « *quarum summarum usuræ alendis pueris puellisque* « *fuerunt impensæ. Ad has autem contrahendas obliga-* « *tiones, cives qui pecuniam Trajani et aliorum fœnori* « *acceperunt, professiones bonorum obligatorum edere* « *coacti sunt; et has prædiorum obligationes et profes-* « *siones, monumentum supra relatum exhibet.* »

Certes, ce document paraît concluant. Cependant rien ne prouve que nous ne trouvions pas ici en face d'une mesure extraordinaire et isolée. Remarquons avant tout que le prêteur n'est pas ici une personne quelconque : c'est l'empereur, et partout les empereurs tendent à faire une catégorie à part de leurs biens, de leur fortune, comme le montre (au Code, livre 2, titre 16) une loi dont nous parlons plus haut.

B. — On pourrait enfin invoquer l'inscription gravée sur la plaque de bronze que l'on a trouvée en 1867, à l'embouchure du Guadalquivir, près de San-Lucar de Barrameda. Cette inscription semble remonter à Auguste. M. Paul Gide (1) qui l'a étudiée en détail y a vu un emancipation accompagnée d'un pacte de fiducie. M. Jourdan dit (2), il est vrai : « Cette table de bronze ne ressemble-t-elle, « pas, dans son style lapidaire, à une inscription hypothécaire « prise par Lucius Titius sur le fonds de terre dont la situation et les confins sont nettement désignés ? » Mais ce n'est qu'une conjecture, puisque, aussitôt après, M. Jourdan se rallie à la théorie de M. Gide qui se croit en présence d'une mancipation fiduciaire, destinée à servir de modèle aux « gens de l'endroit ». D'ailleurs M. Mommsen ne croit pas non plus à une inscription hypothécaire : « Je croirais « volontiers, dit-il, que nous avons ici le formulaire qu'un « esclave, envoyé en province pour les affaires de son « maître, emportait avec lui pour lui servir de modèle dans « les contrats qu'il aurait à passer. »

Il est donc difficile d'admettre que la table en question soit certainement une inscription hypothécaire.

§ 7. — Nous dirons donc, pour nous résumer :

Sans affirmer d'une façon absolue que l'usage de rendre les hypothèques publiques ne régna pas à Rome à la fin de la République et pendant les deux premiers siècles de l'Empire, il nous est impossible de conclure à l'existence de cette publicité, faute de preuves suffisamment explicites. Si même tous les textes que nous possédons ne se réfèrent

1. *Revue de Législation*, année 1870, pages 74 et suiv.
2. L'*Hypothèque*, page 45, en note.

pas à la seule hypothèse de la saisie immobilière, si quelquefois certains signes ont été apposés par les créanciers sur les héritages grevés d'hypothèque à leur profit, si les empereurs ont voulu vraiment réagir contre cette tendance, il serait, croyons-nous, téméraire de déduire de là qu'il y eut un système hypothécaire admettant pour base le principe de la publicité. Nous ne trouvons, en effet, rien dans les textes qui puisse nous faire croire à un droit de préférence dépendant de la date de l'apposition d'un poteau, ou d'une affiche quelconque.

Donc, s'il y eut réellement des marques hypothécaires, il faut penser que nous nous trouvons en présence de quelques actes d'autorité privée émanant de créanciers qui, par vanité, tenaient à affirmer leurs richesses, actes d'ailleurs qui durent disparaître en général assez vite devant les tendances de certains empereurs, lesquels proscrivaient les riches pour confisquer leurs biens.

CHAPITRE III

VICES DU SYSTÈME ROMAIN RÉSULTANT DE L'ABSENCE DE
PUBLICITÉ. REMÈDES APPORTÉS A CES INCONVÉNIENTS

Section I

§ 1. — Quelle que soit l'opinion que l'on adopte sur la
question de savoir si dans les premiers siècles de son existence à Rome l'hypothèque fut, ou non, publique, il est
un fait absolument certain et qui ne laissé à la controverse
précédente qu'un intérêt purement historique. A partir
d'une certaine époque, par exemple vers le iiie siècle,
l'hypothèque, dans cette législation romaine pourtant si
formaliste, devint complètement occulte, si, bien entendu,
elle ne le fut pas toujours.

En effet, ces signes, ces poteaux qui étaient élevés sur
les fonds hypothéqués, par là même que les débiteurs pouvaient trop facilement les faire disparaître, durent, s'ils
existèrent, se trouver négligés à cause de l'incertitude qu'ils
présentaient ; et comme on ne leur substitua aucune autre
forme, rien ne distingua plus les immeubles qui étaient
hypothéqués de ceux qui ne l'étaient pas.

A partir de ce moment, l'hypothèque se constitua par le
seul consentement des parties contractantes, et il ne fut

point besoin d'autres formalités pour la rendre opposable
à tous (1). « La législation romaine, dit M. Machelard,
« accusée souvent de formalisme, s'était montrée, sur ce
« point, d'une simplicité extrême qui, à son tour, a été
« critiquée et justement (2). »

Cette hypothèque conventionnelle resta longtemps limitée
à certains biens déterminés que le débiteur possédait au
jour de la convention ; puis elle tendit à devenir générale.

Peu à peu, en effet, les créanciers exigèrent une hypothèque sur tous les biens présents du débiteur, puis sur
tous les biens présents et à venir (3), en sorte que sous
Justinien, l'hypothèque est étendue à tous les biens présents et à venir, même lorsqu'il n'en est rien exprimé au
contrat (4).

On finit par accorder une si grande importance à la
simple convention, qu'il s'introduisit une hypothèque inten-
tionnelle, si je puis m'exprimer ainsi (5).

On put aussi constituer des hypothèques dans son testa-
ment ; il y a au Digeste un passage d'Ulpien en ce sens.
D'après Ulpien, les empereurs Septime-Sévère et Antonin
Caracalla avaient souvent reconnu la validité d'une telle

1. Loi 1, pr., Digeste, de *pigneratitiá actione* ; et loi 4, Digeste, de
pignoribus et hypothecis.
2. Machelard, *Textes de droit romain, l'Hypothèque*, page 106.
3. Digeste loi 15, pr., XX, 1.
4. Loi 9, au Code, livre 8, titre 17.
5. Loi 5, § 2, Digeste, *Inquibus causis hypotheca ;* et loi 26, § 1, Digeste
De pignoribus et hypothecis.

hypothèque (1). Justinien constate de même que le droit romain avait, depuis longtemps, admis l'hypothèque testamentaire (2).

Aux hypothèques que nous avons considérées jusqu'ici, il vint s'en ajouter de nouvelles qui apportèrent encore au système romain de nombreuses complications.

Nous laissons de côté le *pignus prœtorium* et le *pignus judiciale* qui se rapprochent plutôt, quoi qu'en ait dit M. Grenier, de la saisie immobilière et de la saisie-exécution ; nous ferons seulement remarquer que ce sont les empereurs qui ont attaché la force hypothécaire à ces *missiones in bona*, créées par le préteur.

§ 2. — Les éléments nouveaux qui s'introduisent sont au nombre de deux :

1° Hypothèques légales. La loi étendit les droits de préférence et de suite à certains rapports légaux qui émanaient d'elle. De là une nouvelle hypothèque qu'on appela légale, qui fut tacite, c'est-à-dire se forma sans convention, et qui résulta ou d'un fait auquel la loi devait une bienveillance spéciale, ou d'une situation digne d'intérêt.

On connaît les tendances du préteur à ne pas créer d'obligations légales. Les parties étaient forcées, par lui, de contracter une obligation qui, du reste, n'avait plus de conventionnel que le nom. Nous en conclurons que l'hypothèque légale doit être un produit de la législation impériale, peut-être même de la législation des empereurs de

1. Digeste, loi 26, pr., XIII, 7,
2. Loi 1, au Code, *communia de legatis et fidei commissis*.

Constantinople (1). C'est ainsi que Hugo, dans le chapitre où il s'occupe de l'état du droit sous Constantin, nous dit : « Une hypothèque légale dut s'établir de plein droit au profit du pupille sur les biens de son tuteur (2). »

De même, la loi 1, au Code, § 1, V, 13, nous montre qu'il existe, au profit de la femme, sur les biens du mari, pour la restitution de la dot, une hypothèque qui produit effet, indépendamment de toute inscription.

Les furieux avaient une semblable hypothèque sur les biens de leur curateur.

2° Les hypothèques générales et les hypothèques tacites avaient déjà faussé l'institution. Le système romain se trouva « rendu plus pernicieux encore à la suite de divers « privilèges arbitrairement créés par les empereurs sous « prétexte d'équité et d'utilité (3). »

C'est ainsi que Justinien, par la loi Assiduis (4), apporta une exception célèbre au principe fondamental : *prior tempore, potior jure* ; il décida que la restitution de la dot serait garantie par une hypothèque privilégiée sur tous les biens du mari. Cette hypothèque permettait à la femme de primer les créanciers même antérieurs au mariage.

D'autres privilèges plus rationnels qui ont passé en grande partie dans les Codes modernes sont encore à citer ; ce sont :

1. C'est du moins l'opinion de M. Wolowski.
2. Hugo, *Histoire du droit romain*, tome 2, page 257.
3. Maynz, *Droit romain*, tome 1er, § 162.
4. Loi 12, au Code, *qui potiores in pignore.*

(*a*) Le privilège de celui qui a fait des frais pour conserver la chose (Loi 5. Digeste, *qui potiores in pignore*).

(*b*) Le privilège pour frais funéraires (Loi 45, Digeste, *De religiosis et sumptibus funerum*).

(*c*) Le privilège de l'Etat contre le primipile (*utilitas publica præferenda est privatorum contractibus* (1) *etc.*, *etc*...

Section II

§ 1. — A Rome, l'hypothèque prend naissance *erga omnes* le jour où a lieu l'accord des parties, et la plus ancienne l'emporte sur la plus récente. Tel est le principe, souvent formulé ainsi : *Prior tempore, potior jure.* Cette idée que « le droit absolu de la première hypothèque « ne peut être restreint ni modifié par aucune concession « postérieure » (2), et que les hypothèques suivantes frappent l'immeuble seulement sous déduction de la première, était naturelle dans un système basé sur la clandestinité, et les Romains l'appliquèrent logiquement. Le créancier premier en date accumula sur sa tête à peu près tous les droits, à l'exclusion des créances postérieures.

C'est ainsi que le premier créancier hypothécaire peut se mettre en possession de la chose, et cela en se substi-

---

1. Loi 3, Code, *De primipilo.* V. aussi loi 22, § 9, au Code, *De jure deliberandi.*

2. Maynz, *Droit romain*, tome I, § 162.

tuant soit aux créanciers hypothécaires postérieurs, soit aux tiers détenteurs (1). Cette possession lui procure en plus l'avantage d'exercer contre son débiteur un droit de rétention pour ses créances chirographaires quelconques, en vertu de la constitution de l'empereur Gordien, de l'an 240 de notre ère (2).

Ainsi encore, seul l'acquéreur qui s'adresse au créancier *prior* est en général assuré de n'être pas forcé de déguerpir (3).

En somme, le créancier premier en date est maître absolu de la situation ; nul n'est admis à le critiquer ; nul ne peut le forcer soit à vendre, soit à garder l'immeuble, s'il ne veut pas vendre ou s'il ne veut pas garder. Il a réellement la part du lion.

Le seul droit qu'aient vis à vis de lui les créanciers hypothécaires postérieurs est le *jus offerendæ pecuniæ*, mesure radicale s'il en fut, que tous d'ailleurs ne peuvent pas employer, à cause des moyens limités de ceux qui voudraient s'en servir.

§ 2. — On voit par l'exposé de ces avantages quel intérêt capital avait un créancier hypothécaire à n'être point primé par d'autres créanciers.

Comment pouvait-il donc reconnaître s'il était ou non le *prior tempore?* Comment se renseignait-il sur le point

1. Marcien, Loi 12. Digeste, XX, 4.
2. Code VIII, 27.
3. Code, Loi 8, livre VIII, titre 18.

de savoir si, oui ou non, il échappait à l'exercice d'un droit antérieur et supérieur au sien ?

C'est ici qu'apparaît une grave lacune dans la législation romaine. Nous l'avons déjà signalée.

Le créancier hypothécaire n'a à sa disposition aucun moyen de se renseigner sur le véritable état de l'immeuble. Nous l'avons vu, l'hypothèque est occulte. Le secret le plus absolu préside à sa naissance, et l'accompagne toujours.

Entrons donc dans le détail des diverses circonstances où la fraude du débiteur pouvait aisément se produire.

Section III

Dangers que court le créancier hypothécaire.

§ 1. — Primus possède un immeuble d'une valeur égale à 100. Il donne à Secundus une hypothèque sur cet immeuble. Immédiatement s'élève une première difficulté : l'hypothèque, en effet, ne vaudra que si Primus est réellement propriétaire de l'immeuble qu'il offre en garantie.

Comment Secundus s'assurera-t-il de ce fait ? Comment connaîtra-t-il que Primus est propriétaire ? Cela lui sera bien difficile. On le sait, à l'origine, les ventes étaient accompagnées de formalités propres à répandre une certaine publicité (1) : on peut citer, par exemple, les solennités

1. Eut-on en vue l'intérêt des tiers en accomplissant ces formes solen-

de la mancipation, si nous supposons que notre immeuble
soit un fonds italique, c'est-à-dire une *res mancipi*. Mais
cette mancipation peut être ignorée des personnes qui n'y
ont pas figuré, et, en particulier, de Secundus qui peut
être trompé, par les apparences d'une détention à un
titre précaire quelconque. Plus tard, du reste, le préteur
protège, toujours dans notre hypothèse d'un fonds italique,
la vente réalisée par la simple tradition.

Et Primus, qui avait par exemple loué son immeuble à
Tertius, ne peut-il pas ensuite, par un simple accord de
volonté, sans que rien n'ait apparu aux yeux (1), transfé-
rer, avant d'offrir hypothèque à Secundus, la propriété de
l'immeuble à ce même Tertius?

Ces hypothèses, et d'autres semblables, sont fort possi-
bles, et les débiteurs devaient quelquefois user d'expédients de ce genre ; c'est ainsi que, dans cet ordre d'idées,
nous voyons l'empereur Hadrien déclarer que celui qui
vendrait la chose plusieurs fois, serait puni des peines du
faux (2).

D'une manière générale, on peut donc le dire, les mutations de propriété étaient clandestines comme les hypothèques, puisqu'elles étaient publiques ou non, au gré des
parties. En effet l'acte d'acquisition, l'*instrumentum*,
quand il existait et quand les parties le jugeaient bon, était

nelles ? Cela est bien peu probable. En ce sens M. Troplong. *Transcription
hypothécaire*, page 14. Contra MM. Jourdan, *Thémis*, tome 5, page 481, et
Hureaux, *Revue française et étrangère*, 1846, page 678.

1. Instituts, liv. 2, tit. 1, § 44.

2. Digeste, loi 21, LXVIII, 10.

transcrit *là où il avait été passé, apud acta, gesta publica.*

Il est vrai qu'une constitution de Constantin semble exiger des formes solennelles et publiques : « *Contractus so-* « *lemniter explicatur... ne inter venditorem et emptorem solemnia in exquisitis cuniculis celebrentur* (1)... » Si la sanction de la non observation de ces prescriptions était la nullité de la vente, cette constitution de Constantin renverserait d'un seul coup la théorie de la vente telle que nous la présente Justinien dans les Instituts. Aussi nous croyons que nous nous trouvons là en présence de quelque expédient fiscal.

Peut-être toutefois aurait-on pu trouver quelques renseignements, une certaine publicité des ventes, dans certains registres (*censualis pagina*) tenus au lieu de la situation de l'immeuble, dans l'intérêt de la perception de l'impôt. Le propriétaire, en effet, devait faire la déclaration de ses fonds (2).

Mais les seules mutations de propriété réellement publiques étaient celles causées par les donations.

Ainsi, dès le début, le créancier pouvait être trompé. Supposons que Primus soit réellement propriétaire.

a. — Primus a dissimulé l'existence d'une ou de plusieurs hypothèques antérieurement consenties ; il a ainsi laissé espérer au créancier Secundus qu'il pourrait, en cas de non paiement, jouir des nombreux avantages accordés

1. Code Théodosien, loi 2, livre III, titre 1, de la Vente.
2. Loi 4, § 2, Digeste, L. 15.

au *prior tempore*. Survient un créancier *prior* : tous ces avantages disparaissent, au profit du nouveau venu... En sorte que, en dernière analyse, si nous considérons les rapports des créanciers hypothécaires entre eux, nous devons nous représenter le droit de préférence « sous la forme de « duels en nombre illimité, dans chacun desquels deux « créanciers se disputent la possession, sauf au vainqueur « à recommencer le lendemain, contre un nouveau créan- « cier, une lutte semblable, jusqu'à ce que, après tant de « tiraillements, la possession demeure enfin adjugée à celui « qui prime tous les autres » (1).

Dans ces conditions Primus a commis une faute ; il mérite d'être puni (2).

b. — Secundus n'a d'autres moyens de se renseigner, avons-nous dit, que d'interroger Primus. Devançant cette demande, le débiteur expose l'état hypothécaire de son immeuble : il avoue que cet immeuble est grevé jusqu'à concurrence de 50. L'excédant peut garantir la créance ; Secundus contracte ; or les aveux de Primus étaient incomplets.

Il y a encore là une fraude du débiteur.

c. — Allons plus loin : supposons que, le jour même où Primus a acquis l'immeuble, Secundus se soit fait conférer hypothèque sur cet immeuble. Il n'est pas certain, même dans ces conditions, d'être *prior tempore*. Il peut y avoir, en effet, des hypothèques consenties par le débiteur, avant

1. M. Bonjean, *des actions*, tome 2, p. 194.
2. V. Lois 1 et 4, Code, *de crimine stellionatus.*

l'achat, sous la condition que ce débiteur deviendra propriétaire du fonds.

Si, dans ce cas, Primus n'a pas averti son créancier, il a encore commis une faute.

§ 2. — Dans toutes ces circonstances, la faute commise par le débiteur reçoit le nom de stellionat (1).

Les Romains crurent remédier d'une façon absolue à toutes les fraudes du débiteur hypothécaire en punissant très sévèrement le *stellionat*, et les lois criminelles durent réprimer ce que les lois civiles, faute de publicité, étaient impuissantes à prévenir. C'est là un des arguments les plus forts qu'on puisse proposer en faveur de la publicité contre la clandestinité de l'hypothèque romaine.

En fait, on parvint ainsi à diminuer ces fraudes. Le débiteur, en effet, ne pouvait guère espérer qu'il échapperait à la répression. Dans ses combinaisons frauduleuses, il trompait toujours quelqu'un : il y avait donc toujours un accusateur, en sorte que la probité du débiteur était fortement étayée par la crainte des châtiments graves qui atteignaient les stellionataires.

Quels sont ces châtiments?

Il faut distinguer :

1° Le coupable est plébéien : il sera alors condamné aux mines (2) ;

1. Le mot *stellionatus* se rencontrant fréquemment dans les textes latins, il semble difficile d'admettre que le mot stellionat vienne de l'allemand Stehlen, voler. V. l'étymologie que propose M. Jourdan, l'*Hypothèque*, p. 488, en note.

2. Loi 3, § 2, Digeste XLVII, 20.

2° Ceux qui sont « *in aliquo honore positi* », seront condamnés à la *relegatio ad tempus*, ou à la privation de la noblesse (*motio ab ordine*).

Ces peines ne faisaient point rentrer le créancier dans ses fonds ; et d'ailleurs ce dernier pouvait encore être trompé dans un cas spécial, sans qu'il y eût la moindre fraude de la part de son débiteur, par suite de l'existence d'une de ces hypothèques privilégiées dont nous avons parlé plus haut.

§ 3. — Nous avons supposé jusqu'ici que Primus garde le silence sur les hypothèques dont son immeuble est grevé.

Si maintenant, quittant ce rôle passif, il trompe ses créanciers au moyen d'affirmations mensongères, ce ne sont plus les peines du stellionat qu'on lui applique, ce sont les peines du faux.

Or « *pœna falsi deportatio est, et omnium bonorum publicatio* (1). »

Nous appliquerons cette peine à celui qui, à la faveur de la clandestinité des mutations de la propriété, offre une hypothèque sur un bien qui ne lui appartient pas ; ou bien encore à celui qui affirme que tel fonds, à lui appartenant, est totalement libre, alors qu'il n'en est rien, etc...., etc.....

Cette sévérité des peines du faux fit probablement réfléchir les débiteurs, car l'usage s'établit, au moins sous les Antonins, de les traiter plus doucement : « *Remissius*

1. Loi 1, § 13, Digeste, LXVIII, 10.

puniri solent, nous dit Paul (1), « *ut ad tempus relegen-
tur, nec bona illis auferantur.* »

§ 4. — Il y avait enfin un dernier procédé de fraude ;
mais ici le débiteur commettait un véritable faux.

Primus consent une hypothèque à Secundus sur un
immeuble dont il est propriétaire.

Par la suite, il consent de même à Tertius une hypothèque sur cet immeuble. Mais il antidate l'acte de constitution, pour donner à Tertius des droits supérieurs à
ceux de Secundus.

Comment cette fraude était-elle possible ? Fut-elle toujours possible ? Par quels moyens essaya-t-on de la déjouer ? Créa-t-on, pour y arriver, une certaine publicité des
hypothèques ? Telles sont les questions qu'il nous faut
maintenant examiner.

§ 5. — Nous avons vu jusqu'ici que l'hypothèque peut être
constituée *erga omnes* par un simple pacte, par un simple
accord de volontés ; cet accord des deux parties n'avait,
pour être valable, besoin d'aucun écrit, quel qu'il fût :
Sine scripturis valet quod actum est, dit Gaïus (2). *Et ita
hypothecam contrahi per pactum sine scripturâ, id est non
factis nominibus*, dit Cujas, parlant du texte de Gaïus que
nous citons (3).

Or, la législation romaine ne possède « aucun moyen

1. Loi 21, Digeste, *De lege Cornelia de falsis.*
2. Gaïus, loi 4, Digeste, *De pignoribus et hypothecis.*
3. Cujas, au tit. 7, *De obl. et act.*, Digeste, lib. XLIV.

« décisif d'assurer aux actes juridiques une date certaine
« vis-à-vis des tiers (1). »

Il faut pourtant prouver l'existence de l'hypothèque, et
principalement la date, puisque c'est cette date qui doit
déterminer l'ordre de préférence.

Les créanciers pouvaient prouver la date de leur hypothèque, soit par des témoins, soit en produisant un écrit :
« *Eamdem vim obtinent tam fides instrumentorum quam*
« *depositiones testium* (2). »

§ 6. — *Preuve par écrit.* — Que devait être cet
écrit ? D'une manière générale, un acte écrit peut être ou
public ou privé. L'acte public est celui que dresse, à la
demande des parties, un fonctionnaire (un magistrat en
général), ayant le *jus actorum et fidei publicæ.*

Or, cet acte public n'avait pas, tout au moins au commencement, plus de portée, plus de valeur, au point de
vue de la preuve, que l'écrit le plus secret, que l'acte
dressé dans l'intimité la plus absolue. La date que portait
cet acte privé était présumée exacte, puisque, en général, il
était impossible d'en prouver la fausseté.

§ 7. — Les conséquences d'un tel système, on le voit,
sont désastreuses pour les créanciers hypothécaires. Non
seulement ils ne sont pas sûrs que le fonds, au moment
de leur contrat, n'est pas hypothéqué déjà à un tiers in-
connu, mais même ils ont à craindre que le débiteur ne

---

1. Maynz, *Droit romain*, tome 1er, § 162.
2. Loi 15. Code *De fide instrumentorum.* — Loi 1, Digeste, *de fide instrumentorum.*

consente, par la suite, d'autrès hypothèques qui, bien que
postérieures, n'en seront pas moins préférées. En produisant un titre privé, lequel contiendra une antidate, on
prouvera une antériorité qui n'existe pas.

Les dangers ne sont pas moins grands pour un acquéreur. L'aliénateur pourra, par la suite, accorder une hypothèque à un tiers ; il n'est plus propriétaire, c'est vrai ;
mais supposons qu'il ait antidaté l'acte privé qui constate
le pacte hypothécaire.......

On comprend que, dans ces conditions, la preuve par
témoins fût de beaucoup la plus estimée ; le juge, en effet,
peut interroger le témoin, s'assurer par des questions précises si on lui dit bien la vérité ; sa religion sera surprise
moins facilement que si on lui présente un écrit qui peut
présenter des inexactitudes et des fraudes. « *Ipsos testes
interrogare soleo,* » dit l'empereur Adrien (1).

§ 8. — Non seulement la preuve testimoniale combattit
victorieusement la preuve tirée des écrits privés, mais
même on tendit à ne plus admettre comme probants que
les actes publics, et les actes privés qui ne pouvaient pas
prêter à la fraude quant à leur date.

Déjà nous trouvons sous Néron un sénatus-consulte
rendu en ce sens : « Afin de déjouer les faussaires, on
« imagina, pour la première fois, de n'employer que des ta-
« blettes percées de trous et l'on y imprimait le sceau
« après avoir passé trois fois les cordons dans ces trous (2). »

1. Loi 3, § 3, Digeste, *de testibus.*
2. Suétone. *Vie de Néron* (collection Panckouke), tome 2, page 229,

Le sceau tenant les cordons qui passaient par toutes les tablettes, il n'y avait pas moyen d'y en substituer d'autres.

Paul (1) semble parler de ce sénatus-consulte, quand il expose les formes que doit revêtir un acte privé pour être valable.

Y a-t-il là une certaine publicité, non pas de l'hypothèque, mais de la constitution de l'hypothèque? Evidemment non, puisque les témoins qui apposent le sceau peuvent ne pas savoir ce dont il s'agit. Mais enfin on peut dire qu'à partir d'une certaine époque ce danger de l'antidate a à peu près disparu : la date de l'hypothèque ne se prouvera plus que par témoins, par un acte public, ou par un acte privé, présentant, en faveur des tiers, les garanties dont nous venons de parler.

§ 9. — Ce système de preuve, résultant du sénatus-consulte rendu sous Néron, se maintint-il longtemps dans la législation? Cela est peu probable. Il est presque certain qu' « après l'époque des jurisconsultes classiques, on ne « tenait plus guère compte de ce sénatus-consulte (2). »

C'était regrettable. Aussi une constitution célèbre revint-elle remettre cet état de choses en vigueur.

En l'année 469 de notre ère, l'empereur d'Orient, Léon le Grand, qui régnait depuis douze années, donna, dit De-

1. *Sentences*, liv. 5, titre 25, § 6.
2. Jourdan. *L'Hypothèque*, page 624.

nizart (1) « une constitution qui a été observée tant en
« Orient qu'en Occident jusqu'à l'entière extinction de
« l'Empire romain, et même longtemps après. »

Cette constitution forme au Code la loi 11 du titre 18,
livre 8, *qui potiores in pignore habeantur.*

D'après cette constitution, il y a, du moins à notre sens,
trois manières de rendre la date d'une hypothèque opposable aux tiers.

1° *Témoins.* — La constitution ne parlant point des témoins, nous croyons qu'elle les place au-dessus de tout
débat, et leur maintient toute la faveur dont ils jouissaient
antérieurement.

2° *Acte public.* — Beaucoup préféraient le secours d'un
acte public, un *instrumentum publice confectum.* Les parties, en effet, y avaient intérêt pour assurer la conservation
de la preuve, car l'acte était conservé *apud acta*, dans les
archives ou greffes.

3° *Acte quasi public.* — D'après la constitution de l'empereur Léon, l'acte quasi *publice confectum*, c'est-à-dire
contenant la signature d'au moins trois témoins « *probatæ
atque integræ opinionis* » a même force probante que l'acte
public ; « mais il peut être perdu plus facilement », observe
Denizart.

Quid du simple acte privé ? Il constatait toujours l'hypothèque entre les parties, mais il n'était plus opposable à

---

1. Répertoire au mot *hypothèque.*

ceux qui avaient une hypothèque, même postérieure, mais ayant date certaine (1).

MM. Grenier (2) et Dalloz (3) n'admettent plus, depuis la constitution de Léon, l'existence, même *inter partes*, de la convention d'hypothèque constatée par un simple acte privé. Nous croyons que c'est là une inexactitude. Pour ce qui est de ces parties contractantes, Hugo, de son côté, critique la constitution en ce qu'elle sacrifie le créancier antérieur muni d'un acte privé au créancier postérieur, muni d'un acte authentique : « L'empereur ne ré- « fléchit pas, dit-il (4), que le débiteur qui consentait par « acte authentique hypothèque sur un objet qu'il avait « déjà précédemment hypothéqué à un autre par acte « privé, porte également préjudice au premier créancier et « que cette action de sa part mérite tout autant d'être « punie que celle du débiteur qui, après avoir hypothéqué « une première fois un bien, l'hypothèque une seconde. » Le point de vue auquel se place Hugo ne semble pas être le véritable, car il s'agit ici, avant tout, de l'intérêt des tiers.

En résumé, un créancier, d'une façon générale, peut disposer, pour prouver la date de son hypothèque, de trois moyens à son choix : témoins, acte public, acte quasi-public. Quant à l'acte sous-seing privé, la constitution de Léon le rejette purement et simplement.

1. En ce sens : Voët, L. 20, t. I, n° 9.
2. *Traité des hypothèques*, tome 1, n° 6.
3. Au mot *hypothèque*.
4. *Histoire du droit romain*, tome II, page 271.

Telle est, du moins, l'interprétation que nous croyons devoir donner de cette loi (1).

§ 10. *Controverse.* — Mais cette interprétation est bien loin d'être celle de tous les auteurs.

La loi, en effet, et nous l'avons remarqué, ne dit rien de la preuve testimoniale.

Premier système. — Partant de là, quelques auteurs ont prétendu que le *pignus publicum* ou *quasi publicum* devait l'emporter forcément sur toute autre hypothèque constatée soit par acte privé, *soit par témoins.*

On le voit, ce rejet de la preuve testimoniale indiquerait peut-être une tendance à donner aux constitutions d'hypothèques une certaine publicité, puisqu'il faudrait toujours rédiger un acte écrit pour en perpétuer le souvenir.

Ce système est notamment celui de Schilling (2), qui expose son opinion comme il suit : « D'après une ordon-
« nance de l'empereur Léon, un droit de gage qui est
« appuyé d'un *instrumentum publice confectum,* c'est-à-
« dire d'un acte dressé sans l'autorité d'un magistrat ou
« d'un notaire public, *tabularius,* (ce qu'on appelle *pignus*
« *publicum*), ou d'un *instrumentum quasi publice confec-*
« *tum,* c'est-à-dire d'un acte souscrit au moins par trois
« hommes d'une bonne réputation (*pignus quasi publi-*
« *cum*), sans égard à la date de cet acte, l'emporte sur un

____

1. En ce sens, Vangerow, Namur, Dernburg, Jourdan et Van Wetter (tome 1, page 370).

2. Traduction Pellat.

« droit de gage qui n'a point été établi par un titre de ce
« genre (ce qu'on appelle *pignus privatum*). »

Nous ne croyons pas cette théorie exacte, et nous nous
en tenons à celle que nous avons exposée la première.
Nous croyons que l'empereur Léon n'entendit pas affaiblir
la preuve testimoniale, et qu'elle resta toujours la preuve
par excellence chez les Romains.

Second système. — Dans un second système, on admet
bien, pour la preuve testimoniale, la conclusion que nous
formulons.

Mais on dit : La constitution de Léon ne s'applique
qu'entre créanciers hypothécaires pouvant invoquer une
preuve littérale ; dans ces derniers cas, l'acte purement
privé est rejeté après toutes les autres créances hypothécaires constatées par acte public ou quasi-public. Pour ce
qui est des rapports à intervenir entre créanciers hypothécaires apportant les uns une preuve testimoniale, les autres
un acte purement privé, la constitution ne se prononce
pas. Un acte privé, avec antidate possible, peut donc, dans
ce système, établir un droit supérieur à celui prouvé par
témoins.

Ce système est celui de **MM.** Muhlenbruch, Puchta,
Keller.

Nous ne pouvons croire qu'il soit le véritable, car ses
conséquences sont absurdes. Admettons-les en effet pour
un moment, et supposons que le débiteur ait successivement consenti : à Primus, une hypothèque, constatée par
un acte purement privé ; à Secundus, une hypothèque, cons-

tatée par témoins ; à Tertius, une hypothèque constatée par un acte public.

Primus sera primé par Tertius, en vertu de la constitution de Léon ; Tertius sera primé par Secundus, en vertu du principe *prior tempore, potior jure* ; Secundus sera primé par Primus, dans le système que nous étudions.

Or, Primus est, nous venons de le dire, primé par Tertius, qui est primé par Secundus, qui est primé par Primus, et ainsi de suite.

On peut continuer indéfiniment. On n'arrivera jamais, en tournant toujours dans le même cercle, à établir un droit de préférence en faveur de l'un quelconque de ces trois créanciers hypothécaires, Primus, Secundus, Tertius.

Au contraire, d'après notre façon d'interpréter la loi *scripturas*, Primus se trouvant éliminé vis-à-vis de Secundus et de Tertius, Secundus serait évidemment *prior*.

Nous croyons donc que ce système doit être écarté, et que la Constitution de Léon eut pour but unique d'éviter l'antidate, en créant accidentellement, peut-être, un peu de publicité.

Section IV

Dangers que courent les tiers acquéreurs.

§ 1. — Le propriétaire d'un fonds hypothéqué n'en restait pas moins, en principe, maître d'aliéner sa chose ; mais il ne transmettait point plus de droits qu'il n'en avait lui-même ; *res cum onere transibat*, c'est-à-dire qu'un droit de suite naissait en faveur des créanciers hypothécaires et que le droit de préférence de ceux-ci subsistait comme si l'immeuble n'eût pas changé de maître (1).

Cela dit, le tiers acquéreur, exposé pendant trente ans à une éviction qu'il lui est impossible de prévoir, achète et paie, sans se rendre un compte exact de ce qu'il fait, sans savoir au juste à quoi il s'expose (il n'était pas même, nous l'avons dit, sûr de traiter avec le véritable propriétaire).

Dans tous les cas, une vente intervenue laissait intacts les droits des créanciers hypothécaires. « Quelle était, dit « M. Vainberg (2), la situation des créanciers hypothé « caires à l'égard de la vente ? C'est là une question dont « la solution n'est pas donnée par le texte de nos lois. « M. Bonjean, toutefois, croit trouver dans ce silence l'ap « plication des mêmes principes qu'au cas d'une véritable « possession. D'après lui, les droits hypothécaires subsis « taient tout entiers. »

Dans ces conditions, celui qui achetait une chose, par là même qu'il ne pouvait savoir si elle n'était pas grevée du chef de son vendeur, pouvait très bien, comme dit Loyseau, se trouver « évincé et privé par un malheur inévi « table au moyen des hypothèques précédentes, lesquelles « étant constituées secrètement, il ne lui était possible de « savoir, ni découvrir. »

1. Voyez le chapitre *quæres litigiosa sit*, Novelle 112.
2. *La faillite en droit romain*, p. 286.

Même solution, s'il achète d'un créancier qui se dit *prior* et qui ne l'est pas en réalité.

Et le droit romain ne met aucun moyen de purge à sa disposition ; il n'y a point, comme chez nous, de vente judiciaire, de purge, de procédure d'ordre, pour sauvegarder l'acquéreur. « La vente publique aux enchères, la « *subhastatio*, n'était employée que dans le cas où la « vente était poursuivie au nom du fisc (1). »

En sorte que si, confiant dans la parole du vendeur, l'acheteur payait, il s'exposait à la dure alternative ou de délaisser ou de payer deux fois. Ce droit de suite des créanciers hypothécaires se trouve confirmé par les lois 14 et 15, au Code, livre 8, titre 14. De même, au Digeste, la loi 16, § 3, *de pignoribus et hypothecis* expose au tiers détenteur sa triste situation : *aut pecuniam solvat, aut rem restituat*.

§ 2. — Y a-t-il des remèdes à un semblable état de choses ?

On peut en citer plusieurs :

1° Tout d'abord le tiers détenteur peut faire prononcer, contre le débiteur qui l'a trompé, les peines du stellionat ou du faux, suivant les cas ;

2° Une importante ressource lui est, de plus, offerte : il a ce qu'on appelle le *bénéfice de discussion*.

Par cette exception de discussion, le tiers détenteur

---

1. Jourdan, l'*Hypothèque*, p. 523. V. aussi les lois 6 et 8, au Code, *de remissione pignoris*.

peut forcer le créancier à poursuivre préalablement ceux
qui sont personnellement obligés à la dette, et à discuter
leurs biens. Ce bénéfice n'apparaît que très tard dans la
législation romaine. Avant son introduction, le créancier
avait, en cas d'aliénation de la chose hypothéquée, le
choix entre deux partis : agir par son action personnelle
contre son obligé ; agir contre le tiers détenteur par l'action réelle accessoire. Dans ces conditions, le tiers détenteur
n'était nullement protégé contre les conséquences de la
clandestinité. Justinien semble être le premier qui ait pris
en sérieuse considération cette situation précaire et encore
est-ce dans la législation des Novelles que nous trouvons
exposée la théorie du bénéfice de discussion.

Le chapitre II de la novelle 4 contient en effet l'ordre
dans lequel le créancier hypothécaire doit exercer ses pour-
suites. Il agira d'abord contre le débiteur principal, puis
contre les cautions et enfin « *tertio loco, contra quemcumque
detentorem* ». De même l'authentique *sed hodie* (au Code,
de obligationibus et actionibus) énonce que « *novo jure* »,
les cautions seront poursuivies avant les tiers détenteurs.
Citons enfin l'authentique *hoc si debitor* (au Code, *de
pignoribus et hypothecis*), qui défend d'employer l'action
hypothécaire contre le tiers détenteur, avant d'avoir agi
par l'action personnelle, d'abord contre le débiteur principal, puis contre les débiteurs accessoires.

En résumé, quant à ce bénéfice de discussion, on voit
qu'il y eut, sur ce point, deux époques bien distinctes : il y
a, d'une part « l'ancienne jurisprudence du droit romain »,

comme dit Basnage (1), et d'autre part le système de Justinien (2).

3° Le tiers acquéreur, en cas d'éviction, avait un recours en garantie.

Si le vendeur est un créancier hypothécaire, ce recours pourra aboutir.

Si le vendeur est le débiteur lui-même, on conçoit que, le plus souvent, ce recours sera illusoire.

4° Le tiers détenteur, quand il a fait des impenses nécessaires sur le fonds qu'on revendique contre lui par l'action hypothécaire, peut opposer, sous forme d'exception, un droit de rétention sur la chose, jusqu'à parfait paiement des impenses par lui faites (3).

5° Il pourrait encore arriver que le créancier hypothécaire poursuivant fût tenu personnellement à la garantie envers le tiers acquéreur. Alors l'exception de garantie triompherait de l'action hypothécaire.

Ces remèdes sont insuffisants, et l'on s'explique fort bien, dans ces conditions, la persistance des cautions dans toutes les aliénations. Les acquéreurs cherchaient ainsi à se protéger contre une perpétuelle menace d'éviction. Les cautions, *auctores secundi* (4) *et confirmatores*, se multiplièrent et « le vulgaire pensait même que en toutes

1. *Hypothèques*, page 84.

2. Loyseau, *Déguerp.* livre 3, chap. II, n° 13 explique à ce sujet, avec une certaine obscurité, comment, à propos de ce bénéfice de discussion, les auteurs se sont « entrechoqués à tâtons ».

3. V. Un exemple de ce droit, loi 29, § 2, Digeste XX, 1.

4. Loi 4, Digeste, *de Evictionibus.*

« ventes il en fallait bailler, lors même que cela n'eût
« point été convenu (1). »

Section V

Dangers que court le débiteur lui-même.

§ 1. — Il arrivait fréquemment que le propriétaire dont
tous les biens étaient libres éprouvait de grandes difficultés
à trouver un prêteur. Et en effet, comme il était hors d'état
de prouver son excellente situation, il devait être cru sur
parole. En définitive, son crédit est nul (2), et le prêteur,
s'il s'en trouve un, lui fera chèrement payer, au moyen
d'intérêts usuraires, l'incertitude où il se trouve au sujet
du recouvrement plus ou moins probable de ses fonds.

D'un autre côté, les prix des immeubles vendus à des
acheteurs défiants à bon droit étaient tellement abaissés,
que toutes les propriétés foncières s'en trouvaient également
ment dépréciées.

Section VI

Conclusion.

§ I. — Tels sont, étudiés au seul point de vue de la publicité, les vices du système hypothécaire romain.

1. Loyseau, n° 18. V. aussi Paul, loi 56, Digeste, *de Evictionibus* : « *vul-
gus opinatur* ».
2. V. M. Bonjean, *Traité des actions*, tome 2, § 2, 8, 6.

Nous pourrions y joindre beaucoup d'autres inconvénients. Ainsi, par exemple, de ce que les hypothèques étaient générales, il résultait qu'un propriétaire n'avait plus un seul fonds libre du moment où il avait un seul créancier hypothécaire, si faible d'ailleurs que fût la valeur de la créance. Son crédit subissait alors une atteinte qui n'était plus en proportion avec la diminution éprouvée par ces biens. Il n'y a donc nul moyen, dans ces conditions, de proportionner la dette et le gage qui la garantit. En peu de temps, presque tous les fonds se trouvent ainsi engagés pour une valeur inconnue, vague, indéterminée, souvent minime, et le crédit foncier se trouve absolument déprécié.

Au point de vue pratique, ces hypothèques générales entraînaient, pour la plus petite saisie, la mise en mouvement de tous les créanciers qui avaient, eux aussi, hypothèque sur le bien saisi, en vertu de leur hypothèque générale. On voit quelles formes longues et coûteuses, principalement pour les ventes d'immeubles, ce système rendait nécessaires...

En somme la sécurité du créancier premier en rang a été la préoccupation presque unique du législateur romain· « Heureux ce créancier, ajoute M. Jourdan, si quelque « hypothèque privilégiée ne venait pas réduire à néant ses « plus légitimes espérances ! » Bien souvent on pouvait dire, même de lui :

Qui cavet ne decipiatur, vix cavet dum etiam cavet
Etiam cum cavisse ratus sœpe is cautor captus est (1).

1. Plaute, les *Captifs*, acte 2, scène 2.

§ II. — Comment se fait-il qu'on ait à constater cette imperfection si grave du droit romain ? Pourquoi a-t-on pu écrire que « c'était le plus détestable système hypothécaire « qui se puisse imaginer ? » (1).

C'est que l'industrie et le commerce étaient dédaignés par les Romains, peuple de guerriers. De plus, pendant presque tout l'Empire, l'agriculture fut délaissée par eux. Les notions du crédit devaient donc leur rester étrangères, et c'est le crédit qui exige surtout le principe de la publicité (2).

Il faut séparer bien nettement deux choses : la première, la théorie juridique de l'hypothèque ; la seconde, un régime hypothécaire ayant pour base nécessaire la publicité.

Si les Romains ont traité la première de ces deux choses avec la perfection qui leur est habituelle, s'ils ont organisé une belle œuvre théorique, ils semblent n'avoir pas compris toute l'importance de la seconde ; ils n'ont jamais trouvé dans l'hypothèque, telle qu'ils l'ont conçue, qu'un très mauvais instrument de crédit.

« Je sais, disait M. Treilhard (3) au Corps législatif, « tout le respect que méritent les lois romaines — mais je « dirai que lorsqu'il s'agit d'opinions, je ne donne à l'au- « torité, quelle qu'elle soit, que l'avantage de recommander « un examen plus réfléchi et une méditation plus grande. « Nous ne connaissons pas de respect servile, et ces pro-

1. Bonjean, *Actions*, § 285.
2. V. Laurent, tome 38, p. 142.
3. *Exposé des motifs*, projet sur les hypothèques, Locré, tome 16, page 353.

« fonds jurisconsultes, dont nous avons tant de fois admiré
« le savoir et la pénétration, s'indigneraient eux-mêmes
« d'un hommage qui ne serait rendu qu'à leur nom. Ils ont
« été quelquefois nos guides, mais ce n'est pas à leur au-
« torité que nous avons cédé, c'est à leur raison. »

DROIT FRANÇAIS

CHAPITRE IV

Section I

§ 1. — La notion d'hypothèque est bien trop abstraite pour que les Gaulois aient pu la posséder, et d'ailleurs leur organisation de la propriété ne permet pas de le supposer un seul instant (1).

Quand la domination romaine se fut établie en Gaule, l'hypothèque dut s'y introduire avec la législation du vainqueur ; mais nous ne croyons pas que cette institution juridique se soit bien sérieusement développée soit avant, soit après l'invasion des Barbares. Ainsi, par exemple, le Bréviaire d'Alaric qui, après la conquête, devait fixer le droit en vigueur parmi les populations romaines de la Gaule méridionale, a toujours employé le mot *pignus* pour désigner la sûreté réelle affectée au créancier. Ce dernier est toujours mis en possession ; le *prœdium* est toujours « *commendatum* (2) » ; mais si l'hypothèque n'était plus dans le domaine pratique, le souvenir n'en était pas complètement

1. V. J. César, *de bello Gallico*, lib. 6.

2. Voyez notamment, dans le Bréviaire, l'*interpretatio* ou commentaire du livre 13, livre 2, des Sentences de Paul.

éteint, puisque Isidore de Séville (1) définit encore l'hypothèque telle qu'on la concevait à Rome.

Voyons quels biens formèrent, après les invasions des
Barbares en Gaule, les sûretés réelles des créanciers, et
quelles formes affectèrent ces sûretés.

§ 2. — Nous avons, dans notre préliminaire, indiqué
quelles sont à peu près, dans toute société tendant peu à
peu vers un certain degré de civilisation, les différentes
sûretés réelles que l'on doit s'attendre à rencontrer avant
d'arriver à la notion délicate de l'hypothèque (2). Nous
avons cité le gage et le pacte d'antichrèse ; il faut s'attendre à les retrouver ici.

D'après les coutumes germaniques, les meubles seuls
sont le gage des créanciers. Quant aux immeubles du débiteur, ils sont insaisissables, et cela même lorsque, après
l'invasion, la propriété individuelle se fut développée chez
les Francs et que l'aliénation volontaire des immeubles fut
devenue assez facile.

Sous les Carolingiens, la sûreté réelle donnée au créancier est une sorte d'antichrèse. Les textes de l'époque font
foi de cette assertion.

Nous en citerons un surtout : c'est la cinquantième des
Formulæ veteres, imprimée dans le recueil de Marculphe et
intitulée *Cautio de Vinea* :

1. Au 5ᵐᵉ de ses 20 livres des « *Etymologies* » ou « *Origines* » (VIIᵉ
siècle).

2. « Plus on s'enfonce dans les siècles de barbarie et de méfiance, plus
on s'éloigne de l'hypothèque », dit très bien M. Troplong, *préface du
Nantissement*, page 17.

Le débiteur, après avoir constaté que son créancier l'a secouru de son argent, ajoute: « *Propterea oppignero tibi « vineam proprietatis meæ in pago illo, qui continet ari- « pennos tantos..... et usque ad annos tantos fructum, « quem ibidem Deus dederit, ad partem tuam habere de- « beas, et ipsam vineam condirigere facias : et quomodo « cum ipsis fructibus tantos annos transactos habueris, et « debitum tuum tibi reddidero, cautionem meam per ma- « nus recipiam, stipulatione subnixa. — Actum illo. —* »

Un peu plus tard, quand les principes généraux du droit féodal sont nettement dégagés, il est encore impossible de saisir les immeubles du tenancier, bien que celui-ci puisse, avec le consentement du seigneur, aliéner ces mêmes immeubles. En effet, « surtout quand il s'agit d'un fief, la « jouissance de la terre n'est que l'accessoire d'un lien per- « sonnel entre deux hommes ; elle doit continuer, tant que « ce lien subsiste (1) » : En permettant de saisir les immeubles, on aurait reporté sur un étranger la charge d'accomplir les devoirs féodaux.

Mais les fruits, les revenus de ces immeubles peuvent tonjours être donnés en garantie (si du moins le seigneur de fief ne s'y oppose pas dans l'intérêt du service féodal qui lui est dû). Le créancier se met alors en possession de la terre, et ce nantissement immobilier se nomme engagement.

Tantôt ces revenus servent à éteindre la dette elle-même,

1. M. Esmein, *Etude sur les contrats dans le très ancien droit français*, p. 161.

lorsque le créancier les a perçus pendant un certain temps fixé par les parties. En définitive, la dette s'éteint par annuités ; on a alors un vif gage.

Tantôt la perception des fruits n'est pour le créancier qu'une sorte de récompense à cause du retard apporté par le débiteur à l'exécution du contrat, au paiement de la dette ; celle-ci subsiste tout entière. On a alors un mort gage. Ainsi, par exemple, la formule de Marculphe que nous venons de citer est évidemment un mort gage. Cette dernière convention, qui facilitait l'usure, fut prohibée dans la suite (1).

Ainsi donc, au moyen âge, le gage fut le plus souvent employé ; si nous consultons les monuments juridiques du xiii° siècle, le commentaire de Beaumanoir sur la Coutume de Beauvoisis, les Assises de Jérusalem, l'ancienne Coutume de Bourgogne et aussi le Conseil à un ami, de Pierre Desfontaines (2), nous ne trouvons jamais le mot hypothèque. Tout au plus quelquefois se rencontre le mot *nans* : « Si aucun a pris nans de son deteur », dit Beaumanoir (3) et l'on se trouve vis à vis de la remise effective de l'objet donné en gage. De même, en l'année 1218, Phi-

1. « Vif gage, est-il dit dans Loysel (*Instit. Cout.*, liv. 3, titre 7) est « celui qui s'acquitte de ses issues. Mort gage est celui qui de rien ne « s'acquitte. »

2. Ce dernier ouvrage fournit un argument grave en faveur de notre affirmation : Pour la plus grande partie, il est composé de droit romain (Ginouilhac, p. 574). Donc l'auteur, en traduisant les textes romains, a rencontré bien des fois le mot *hypotheca* : or le mot hypothèque ne se trouve jamais dans son livre !

3. *Coutume de Beauvoisis*, chap. L.

lippe-Auguste permet aux Juifs, pour garantir leurs
créances, de recevoir en nans certaines fractions d'héritages.

Ainsi, « on s'occupait peu de l'hypothèque du temps
« de Pierre Desfontaines et de Beaumanoir. En revanche
« les engagements immobiliers étaient fréquents et arra-
« chaient au débiteur la possession de sa terre chérie,
« ainsi qu'il arriva à Joinville partant pour la Terre
« Sainte » (1).

« Le prêt sur gage fut presque seul usité pendant le
« moyen âge. Les Juifs, qui étaient les banquiers à cette
« époque, exigeaient ordinairement le dépôt de quelque
« objet précieux comme garantie de leur créance (2).

Cependant l'hypothèque était déjà en germe dans une
institution particulière, dont nous allons dire quelques mots,
je veux parler de l'obligation.

§ 3. — Nous avons dit plus haut que le débiteur pouvait aliéner sa tenure féodale, mais ne pouvait pas être con-
traint de subir une expropriation forcée.

On respecta d'abord le principe, tout en essayant de le
tourner, et l'on voulut forcer le débiteur insolvable à
aliéner lui-même son immeuble ; tantôt on se servit pour
cela de la contrainte par corps ; tantôt on employa le
procédé qui consiste à envoyer des garnisaires chez le
débiteur.

Puis, après de longues hésitations, on en arriva à

1. Troplong. *Préface du Nantissement*, p. 17.
2. Chéruel. *Dictionnaire des Institutions*, au mot Hypothèque.

admettre la vente forcée des immeubles. Mais on cherchait toujours, au moins dans la forme, à obtenir le concours du propriétaire insolvable. Et, pour cela, le créancier exigeait de son débiteur, au moment du contrat, que l'autorisation lui fût donnée de vendre les meubles et les immeubles, en cas de non paiement à l'échéance.

Cette clause, dont on signale l'existence dès le xiiie siècle, porte le nom d'obligation (1). Les jurisconsultes de cette époque l'introduisirent en s'inspirant de la théorie romaine de l'hypothèque, mais ils n'adoptèrent pas toutes les conséquences de cette théorie. Ainsi, par exemple, l'obligation spéciale portant sur un immeuble eut seule le pouvoir d'engendrer, dans tous les cas, le droit de suite, et aussi celui de préférence. Elle fut pendant longtemps préférée à l'obligation générale. Nous verrons une application de cette idée quand nous parlerons du bénéfice de discussion.

Mais, remarquons-le bien, cette « *obligatio bonorum* » n'est plus, comme en droit romain, valable par cela seul qu'un simple pacte est intervenu ; il faut, de plus, le consentement du seigneur féodal : en effet il appartenait à ce dernier de choisir son vassal.

Plus tard, les droits de préférence et de suite s'attachèrent à l'obligation générale comme à l'obligation spéciale. La jurisprudence, dès le xive siècle, commença à appliquer cette règle, sous l'influence croissante du droit romain.

1. V. M. Esmein, *loc. cit.*, p. 117 et suiv.

Le droit romain, en effet, montait peu à peu du Midi vers le Nord, envahissant successivement les pays de coutumes, à la faveur de l'enthousiasme général que ressentaient pour l'étude de ce droit les jurisconsultes du XIVe siècle et des siècles suivants. On revint ainsi à la théorie de l'hypothèque à peu près telle qu'on la concevait à Rome.

En particulier, l'hypothèque resta occulte. Nous reviendrons ultérieurement sur ce point ; mais pour terminer l'étude des origines de ce système clandestin qui devait subsister en France (1) jusqu'à la loi de brumaire an VII, il convient de dire quelques mots d'une grave différence entre le droit romain et l'ancien droit français, différence que l'usage et la jurisprudence introduisirent peu à peu.

Section II

Contrairement au droit romain dans lequel le simple pacte suffit pour créer l'hypothèque, nous constatons, au moment où le droit coutumier est complètement formé, l'existence des deux principes suivants : 1° L'hypothèque conventionnelle ne peut résulter que d'un acte notarié. 2° Tout acte notarié emporte hypothèque générale sur les biens du débiteur.

---

1. Au moins dans la pratique, puisque la loi de messidor ne fut jamais appliquée.

Nous étudierons successivement l'origine de ces deux règles importantes.

§ 1. — *Première règle.* — Revenons à l'obligation.

« Les plus anciens textes, dit M. Esmein (1), nous
« montrent des obligations valablement consenties dans des
« titres émanés de simples particuliers, lettres scellées (2)
« ou chirographes. »

De même ces « obligations » pouvaient être consenties par un simple contrat verbal, pourvu que l'existence pût en être prouvée par témoins (3).

Par la suite, toute cette théorie des preuves se modifia radicalement et ces modifications tendirent à faire exclusivement dépendre la preuve de l'hypothèque de la confection d'un acte public.

Tout d'abord nous voyons le scel privé des gentilshommes perdre son importance et sa force probante à mesure que le pouvoir central devient plus fort : « L'apposi-
« tion d'un sceau privé fut simplement assimilée à une si-
« gnature ou à la marque d'un illettré (4). »

En second lieu, au moins au xiv° siècle, l'écriture privée n'a plus par elle-même aucune force probante. La jurisprudence, il est vrai, invente un procédé pour lui commu-

1. *Loc. cit.,* p. 210.

2. « On ne signait point autrefois les actes qui se passaient entre parti-
« culiers : chacun d'eux y apposait son sceau, qui tenait lieu de *signa-
« ture...* » V. Denizart, au mot « *petit Scel* ».

3. La preuve testimoniale était encore très estimée : « Témoins passent lettres », disait-on.

4. M. Esmein, *loc. cit.,* p. 213.

niquer une force nouvelle : le créancier qui ne possède qu'un titre privé peut faire reconnaître en justice la signature de son débiteur, et si une hypothèque est consentie sur un fonds par acte sous-seing privé, cette hypothèque devient ainsi valable, mais seulement à partir du jour de la reconnaissance : jusqu'à ce moment, le créancier se trouve exposé aux fraudes de son débiteur ; il doit donc, s'il le peut, constituer son hypothèque au moyen de formes plus sûres et plus pratiques (1).

Enfin, si la preuve testimoniale appliquée aux contrats conserva toute sa force jusqu'à la seconde moitié du XVIᵉ siècle, l'ordonnance de Moulins (1566) supprima cette preuve testimoniale, avec cette restriction qu'elle la conserva cependant encore au-dessous de 100 livres. Donc, quand la créance dépassait 100 livres, il devint impossible

---

1. On en vint, par une innovation considérable, à sous-entendre dans ces actes sous-seing privé une obligation générale de tous les biens du débiteur ; en sorte que l'acte privé, une fois reconnu, vérifié en justice, emporta hypothèque générale, mais seulement du jour de la reconnaissance ; du reste ce jugement ne créait pas une hypothèque judiciaire : il déclarait simplement l'existence d'une hypothèque qui avait, pour ainsi dire, sommeillé jusque là. Ajoutons que « si aucun est ajourné en reconnais-« sance de cédule, dit l'article 93 de l'ordonnance de Villers-Coterets, « compare ou conteste, déniant sa cédule ; et si par après est prouvée par le « créancier, l'hypothèque courra et aura lieu du jour de la dite négation « et contestation.» (Isambert, Recueil général des anciennes lois françaises, « tome 12, p. 618). «Cédule privée qui porte promesse de payer, dit la cou-« tume de Paris, art. 107, emporte hypothèque du jour de la confession « ou reconnaissance d'icelle faite en jugement, ou du jour de la dénéga-« tion, en cas que par après elle soit vérifiée. »

de prouver par témoins une constitution d'hypothèque garantissant cette créance.

Devant la suppression du sceau privé comme mode de preuve, devant les dangers et les ennuis de la reconnaissance en justice, devant les restrictions apportées à la preuve testimoniale, les parties contractantes se trouvèrent tout naturellement amenées à n'avoir plus guère recours qu'à l'acte public proprement dit, quand elles voulurent constituer hypothèque, et alors « la théorie se transforma,

« En voyant, sauf de légères exceptions, la constitution
« d'hypothèque et l'acte authentique marcher inséparables.
« on regarda l'un comme la condition nécessaire de l'autre.
« Enfin on fit de l'acte public la cause génératrice de
« l'hypothèque, indépendamment de la volonté des par-
« ties (1). »

On arriva ainsi à formuler notre première proposition : L'hypothèque ne peut être constatée que par acte notarié.

§ 2. — *Deuxième règle.* — Tout acte notarié emporte hypothèque générale sur les biens du débiteur.

L'acte authentique, à l'origine, se distinguait seulement par ce fait que, en cas de non exécution du contrat, le créancier pouvait saisir, en vertu de son seul titre, les meubles de son débiteur, garnir sa main : c'était le privilège de main garnie. D'un autre côté, nous le savons, le plus souvent l'acte notarié contenait la clause d'obligation générale de tous les biens du débiteur.

A l'origine les deux idées furent parfaitement distinctes :

1. M. Esmein, *loc. cit.*, p. 222.

« Il y a différence, dit Basnage, entre l'exécution et l'hypo-
« thèque ; ce sont deux qualités avantageuses, mais diffé-
« rentes, et qui n'ont rien de commun... l'exécution dépend
« de la juridiction... l'hypothèque dépend de la conven-
« tion des parties... (1). »

Quoi qu'il en soit, cette distinction tendit à disparaître :
en effet, les créanciers, par prudence, exigeaient toujours
dans les contrats qu'ils consentaient devant notaires la
concession d'une hypothèque s'étendant à tous les biens de
leurs débiteurs. Bientôt cette hypothèque générale devint
une clause de style (2) ; puis cette clause accessoire fut
considérée comme sous-entendue, si elle avait été omise.
En sorte que, on le voit, on arriva à regarder l'acte notarié comme engendrant *par lui-même* cette hypothèque
générale, « soit que les parties eussent fait mention de
« l'hypothèque dans l'acte, soit qu'elles n'en eussent point
« parlé (3). »

Faisons ici une remarque importante : cette hypothèque
générale occulte ne résultait pas des contrats passés devant les Cours d'Église (4), les notaires ecclésiastiques ne

1. *Traité des hypothèques*, p. 113-114.

2. « Pour ce qu'en tous contrats, dit Loyseau, par un style ordinaire des
« notaires, on s'est accoutumé d'insérer la clause d'obligation de tous les
« biens, on a enfin tenu pour règle que tous les contrats portaient hypo-
« thèque sur tous les biens, comme cette clause ayant été sous-entendue,
« si elle avait été omise » (*Déguerpissement*, III, I, n° 5).

3. De Héricourt, *Traité de la vente des immeubles par décret*, page
233 ; V. aussi Denizart, au mot *Hypothèque* (édition 1773, § 33).

4. Dalloz, *Essai sur l'Histoire générale du Droit français*, page 155.
Voyez aussi la nouvelle Coutume de Sens de 1555, art. 123.

pouvant instrumenter « qu'aux choses spirituelles (1). »

§ 3. — Jusqu'ici, nous nous sommes exclusivement occupé de l'hypothèque conventionnelle ; venons à l'hypothèque légale.

Nous devons nous attendre à la voir reparaître tout d'abord dans les contrées de la France où le Droit romain s'était le plus fortement établi, c'est-à-dire dans les provinces méridionales.

Il en est, en effet, ainsi. C'est dans le Dauphiné, semble-t-il, qu'on la retrouve tout d'abord. Les « *Petri exceptiones* », qui sont du xie siècle, y donnent à la femme une hypothèque légale, mais non privilégiée (2). Il faut remarquer que ce livre est plus théorique que pratique.

Au xiiie siècle, la Coutume de Toulouse reproduit la même hypothèque dans les mêmes conditions (3), c'est-à-dire sans les effets exorbitants de la loi Assiduis, qui devait de nouveau s'imposer lors de la renaissance du Droit romain.

A ce moment, et malgré les reproches qu'on pouvait lui adresser, cette loi fameuse reparut dans les pays du Parlement de Toulouse et fut consacrée au xvie siècle dans

1. Signalons une exception à cette règle : l'article 70 de la Coutume du baillage d'Étampes admet l'hypothèque, que le jugement de reconnaissance d'une cédule privée soit prononcé par un tribunal laïque, ou qu'il le soit par le juge ecclésiastique.

2. V. *Petri Exceptiones*, chap. 54, Liv. IV : « *De rebus mariti uxori obligatis post dotis redditionem.* »

3. V. *Coutumier général*, IV, p. 1050 ; coutume confirmée par le roi Alphonse en 1251.

la seconde rédaction de cette coutume (1). On la retrouve aussi « dans la Sioule, petit pays ressortissant du Parle-ment de Pau (2) » ; c'était, nous le savons, une aggra-vation considérable apportée à la situation que la clandes-tinité de toutes les hypothèques crée aux tiers qui contrac-tent avec un propriétaire d'immeubles. Dans les autres pays de Droit écrit, la femme n'avait qu'une hypothèque ordinaire pour assurer l'exécution des conventions matri-moniales et le recouvrement de sa dot.

Dans les pays de coutumes, la jurisprudence se chargea d'introduire la théorie romaine de l'hypothèque légale. Dès l'année 1527, nous trouvons un arrêt du Parlement qui déclare garantie par une hypothèque légale l'acquisition du douaire coutumier de la femme mariée.

Alors peu à peu s'introduisirent de nombreuses hypo-thèques légales tacites :

C'est ainsi que les créanciers ont une hypothèque tacite sur les biens du geôlier, pour sûreté de la garde de leur dé-biteur emprisonné ; de même les hôpitaux et les fabriques ont une hypothèque tacite sur les biens des administra-teurs et marguilliers comptables (3). Le roi a hypothèque légale tacite sur les comptables (4), et l'Église sur les

1. De Héricourt, *Vente d'immeubles*, page 209.
2. M. Valette, *Hypothèques*, page 242, en note. V. *Sur l'hypothèque légale de la femme au Parlement de Toulouse*; Serres, *Instit. au Dr. fr.* liv. 4, § 29.
3. De Héricourt, page 234.
4. V. l'Edit du mois d'août 1669.

biens du prélat, pour sa mauvaise administration etc., etc. (1).

§ 4. — Pour compléter cet ensemble, apparut l'hypothèque judiciaire. Puisque, dit-on, l'hypothèque générale découle de tout contrat passé devant notaire, à cause du caractère public de ces officiers, il doit en être de même des jugements, à *fortiori*. L'ordonnance de Moulins, dans son article **53**, consacra législativement cette manière de voir.

§ 5. — Un caractère commun réunit ces divers genres d'hypothèques, qu'elles fussent conventionnelles, légales ou judiciaires.

Toutes, elles demeurèrent occultes, secrètes.

Les tiers ne purent savoir si, par exemple, un contrat passé chez le notaire d'un lieu très éloigné ne venait pas frapper d'hypothèque tous les immeubles d'un propriétaire, ou bien si une hypothèque légale ne s'était pas attachée à tels autres immeubles, ou bien encore si un jugement antérieur n'avait pas donné lieu à une hypothèque judiciaire, d'ailleurs tout aussi générale que les précédentes.

On voit donc immédiatement les vices graves du système hypothécaire que nous venons d'exposer. Il n'y a qu'à se reporter à ce que nous avons dit de la clandestinité romaine, tout en insistant sur ce fait que le secret le plus absolu était gardé sur les contrats hypothécaires, puisque le notaire n'avait rien à communiquer aux tiers, de ce qui

1. Argou, *Inst. au Dr. fr.*, tome II, livre 4, chap. III.

s'était passé chez lui ; et d'ailleurs l'article 177 de l'ordonnance de 1539 enjoint, sous des peines rigoureuses, de ne communiquer les minutes et de n'en délivrer des expéditions, qu'à un nombre fort restreint de personnes.

Et en admettant même que les notaires de cette époque, les tabellions comme on disait alors, eussent permis aux tiers de faire des recherches chez eux, il est fort probable que la publicité eût encore été à peu près nulle, si l'on en croit Loyseau :

« Depuis l'ordonnance d'Orléans qui a voulu que les « parties signent en la minute, nos notaires, dit-il, ont « négligé de plus faire de registres. Sinon qu'il y en a « quelques uns plus soigneux qui, au bout de l'an, « ramassent les feuilles de leurs registres et les relient « ensemble » (1). Loyseau nous présente ensuite un tableau peu rassurant pour les créanciers hypothécaires qui contractaient sous le régime de la clandestinité. Puis il ajoute : « D'où il arrive un inconvénient qui n'était pas « si commun autrefois, à savoir que les mauvais notaires « font tant d'antidates qu'ils veulent, principalement quand « les parties en sont d'accord, comme pour un homme « obéré qui, en frustrant ses créanciers, veut sauver son « bien sous le nom d'un ami ils lui passeront tant d'obli- « gations, même des constitutions de rentes qu'il voudra. « Et nous n'avons jusqu'à présent aucun remède pour « empêcher cette espèce de fausseté. » Et le même Loy-

1. *Des offices*, livre 2, chap. V, n° 72 et suiv.

sceau, dans un autre de ses ouvrages, conclut ainsi :
« C'est pourquoi nous voyons advenir tous les jours du
« trouble aux tiers acquéreurs, à cause des hypothèques
« précédentes : dont il se voit.infinité de bonnes maisons
« ruinées... il y a plus de fols acquéreurs que de fols ven-
« deurs » (1).

Allons plus loin ; supposons même que, à cette époque,
l'on ait décrété la publicité des actes notariés : chez quels
notaires allez-vous faire vos recherches pour savoir si tel
immeuble est hypothéqué ? Tous les notaires de France ont
pouvoir, dans leur ressort, de créer hypothèque sur cet immeuble, fût-il à cent lieues de ce ressort ! Il y a même des
notaires qui ont, par privilège, le droit de passer des actes
par tout le royaume (2) !

SECTION III.

Remèdes à la clandestinité.

§ I. — Quels sont maintenant les remèdes que l'on proposa pour atténuer un peu le dangereux état de choses
créé par la clandestinité ?

A. — Signalons tout d'abord une disposition quelque
peu platonique de l'ordonnance de 1553, article 15 :

1. *Déguerpissement*, liv. 2, chap. Ier, n° 19.

2. Ce sont les notaires de Paris, Orléans et Montpellier (Le privilége des
notaires d'Orléans date de 1302. — Celui des notaires de Paris date du
mois d'avril 1510).

« Les vendeurs sont tenus de déclarer les charges, rentes,
« hypothèques spéciales dont les héritages par eux vendus
« seront chargés sous peine d'être tenus pour faux ven-
« deurs, de ce qui sera de leur fait, et dont ils auront con-
« naissance, et pour ce punis des peines de droit. »

B. — *Décrets volontaires.* — Il était de règle, dans les
pays de droit écrit, dont les coutumes sur ce point avaient
été confirmées par l'ordonnance de 1551 sur les criées, que
si, dans le cours d'une saisie immobilière, d'un décret
forcé, le créancier hypothécaire ne faisait pas à temps son
opposition avant la vente, le créancier était censé avoir renoncé à son hypothèque, et cette présomption était invin-
cible (1). On disait en ce sens : les saisies réelles purgent
les hypothèques quand il n'a point été fait d'opposition aux
criées. « En chose vendue par décret, éviction n'a point
lieu », disait Loisel dans les *Institutes Coutumières*, et re-
venant plus loin, dans le même ouvrage (2), sur la même
idée, il disait : « Un décret nettoie toutes hypothèques. »

Partant de ce principe, on introduisit les décrets volontaires à l'image des décrets forcés (3). La vente effectuée,
un créancier fictif saisissait l'immeuble, en vertu d'une obligation qui semblait valable, mais qui, en réalité, était nulle,
en vertu, par exemple, de contre-lettres. Le créancier ima-

1. Voyez, sur les effets considérables de la procédure par décrets,
Loyseau, liv. 3, page 83.

2. Liv. 6, tit.5, 15. Voyez de nouveau les lois 6 et 8, au Code, *de remis-
missione pignoris.*

3. Dalloz, *Essai sur l'hist. gén. du dr. fr.*, p.259.

ginaire procédait contre l'acquéreur à une expropriation, et au moment de la vente forcée, de la subhastation, comme on disait dans quelques provinces (1), l'acquéreur se rendait adjudicataire de son propre immeuble (2). Alors le juge, lorsqu'il interposait son décret, confirmait, selon l'expression de Dumoulin, ce qui avait été fait par le consentement mutuel des parties contractantes. L'acquéreur était ainsi à l'abri des créanciers hypothécaires du vendeur qui n'avaient point fait opposition. Le décret volontaire, cependant, n'était pas un moyen sûr, car les créanciers du vendeur pouvaient surenchérir : on appelait cela fausser le décret.

Cet insuffisant palliatif au mal secret de l'hypothèque occulte subsista jusqu'à l'édit du mois de juin 1771, que nous étudierons plus loin. Loyseau apprécie cet état de choses en ces termes : « Les décrets sont longs et de grand coût. » La saisie réelle, en effet, entraînait des frais si considérables, qu'on assimilait ses effets à ceux de l'incendie. On disait au créancier : « le feu de la discussion a dévoré « votre gage ; au débiteur : le feu de la discussion a dévoré « votre domaine. Et cependant rien n'était anéanti, mais « tout avait passé au fisc et aux gens de justice (3). »

C. — *Discussion.* — Le tiers détenteur peut en général opposer le bénéfice de discussion, pourvu, comme le re-

1. De Héricourt, p. 2.
2. Troplong, tome 2, p. 378.
3. Observations du tribunal de Lyon, sur le projet de Code civil, page 158.

marque Pothier (1), qu'il ne soit point personnellement obligé à la dette (2). Mais cette exception ne jouissait plus de la même faveur qu'en droit Romain, aux temps de l'authentique *hoc si debitor*. Ainsi en Normandie, par exemple, la discussion n'est point nécessaire, dit Basnage, et l'on permet aux créanciers de s'adresser directement aux propriétaires et détenteurs de l'héritage hypothéqué. De même le bénéfice de la discussion est refusé par les coutumes suivantes : Paris 101 ; art. 55 ; Grand-Perche, art. 205 ; Nouvelle coutume d'Orléans de 1853, art. 436 ; Mehun-sur-Erve, ancienne, 1, rubrique 8 ; Marche, art. 370, etc...

La nouvelle coutume de Sens fait une distinction. En spéciale hypothèque, pas de discussion (art. 134) ; en générale hypothèque, la discussion est admise (art. 135). Cette distinction est admise par la coutume de Tours (art. 217) et par celle d'Orléans (art. 436).

L'ancienne coutume du Bourbonnais (art. 136 et 137) n'admettait aucun bénéfice de discussion. Lors de la révision en 1521, on admit la distinction qui précède.

Pour les coutumes muettes, il fallait reconnaître, malgré controverse, l'existence du bénéfice de discussion, et Loyseau (3) cite en ce sens un arrêt de la Cour de Poitiers,

1. Pothier, édition de 1822, tome 12, p. 145. Cette exception a son germe, en France, dans une ordonnance de Philippe le Bel du mois de mars 1303 (*Journal du Palais,* Répertoire général, au mot hypothèque).

2. Clermont 38 ; Châlons 131 ; Auxerre 194 ; Sedan, titre 13, art. 64.

3. *Déguerp.*, chapitre 8 du livre 3.

« arrêt solennel donné à toutes les chambres assemblées et
« prononcé en robes rouges, à la Pentecôte 1587. »

D. — Dans certains cas, le tiers détenteur peut aussi
opposer un droit de rétention.

E. — *Prescription.* — En général, le tiers détenteur
prescrira par 10, 20 ou 30 ans, suivant les coutumes ; contre l'Eglise, il ne prescrit que par 40 ans.

Dans quelques coutumes, une prescription spéciale,
moins longue que la prescription acquisitive ordinaire,
affermissait la propriété aux mains du tiers détenteur. On
donnait à cette prescription particulière, qui durait en général cinq années, le nom de *tènement de cinq ans.* Les
coutumes qui l'admettaient sont celles d'Anjou, du Maine,
de Tours, de Lodunois (1).

F. — *Répression du stellionat.* — Le stellionat, dans
notre ancienne France, était puni le plus souvent de la
contrainte par corps, mais sans que les créanciers fussent
tenus de nourrir leurs débiteurs (2). D'autres coutumes
appliquaient des peines diverses. Quelquefois c'était le ban-
nissement ou le fouet. En Bretagne, le stellionnataire était
puni comme faussaire ou comme larron, ou bien il était
condamné à faire amende honorable (3). La coutume de
Nivernais (4) prononçait une amende arbitraire. La

1. V. Pothier, *Traité de la prescription,* § 206 et suiv. — V. Denizart,
au mot tènement.

2. En ce sens un arrêt de la Chambre de l'Edit du 27 février 1602.

3. V. un arrêt du parlement de Bretagne du 5 mars 1566, rapporté par
Brillon.

4. Chap. 5, art. 24 et 25.

coutume de Bruxelles (1) avait fixé cette amende à 40 florins, à défaut de laquelle le stellionnataire était condamné à faire le voyage de Rome, ou de Saint-Jacques en Galice.

G. — On peut trouver quelque sauvegarde, pour les tiers qui voudraient prêter sur hypothèque, dans la publicité qui était donnée par certaines coutumes, non à l'hypothèque conventionnelle, mais bien à la saisie immobilière. L'usage de brandons, qui rappellent les poteaux hypothécaires de la Grèce, s'était introduit en plusieurs pays (2). Le saisissant, par un signe extérieur qui était très variable, prévenait les tiers que l'immeuble n'était plus libre entre les mains du propriétaire. Ainsi, dans la coutume du Nivernais (1534), nous lisons (3) : « Le seigneur censier « peut par justice faire saisir et abattre l'huis. » De même, dans l'ancienne coutume du baillage de Melun (1506) (4) : « si on ne le paie, le seigneur censier peut « dépendre les portes, huis ou fenêtres, et les mettre au travers de l'entrée. » La coutume de Sens contient dans ses articles 21 et 221 des dispositions absolument analogues.

Sur l'article 74 de la coutume de Paris, en note, le coutumier général de Bourdot de Richebourg s'exprime ainsi : « Le brandon est le signe de l'héritage saisi et em-

1. Art. 145.

2. V. Basnage, *Hyp.*, p. 2 ; Loyseau, *Déguerp.*, liv. 3, chap. 1er, no 24, no 29.

3. Chap. 5, art. 16.

4. Art. 132.

« péché par le seigneur, qui est quand il fait saisir ou
« arrêter les fruits pendants par les racines, en signe de
« quoi on pique dans terre un bâton garni de paille. »

Article 105 de la Coutume d'Orléans : « Le seigneur
« de la censive peut obstacler l'héritage : si c'est maison,
« par obstacle et barreau mis es huis, sinon par bran-
« dons mis ès-fruits, etc... »

Article 8 du titre 10 des Coutumes de Sole (1520) :
« *Et lodeit senhor de fiu poyra procedit per bandiment.* »

Article 3 du titre 14 de la coutume de Bayonne : « Le
« sergent doit mettre une ou plusieurs croix en enseigne
« dudit ban, ou y mettre pannonceaux ou autre signe de
« ban, etc., etc. »

Comme le remarque fort bien Basnage, cet usage des
brandons eût été impraticable en hypothèque conventionnelle, cette dernière garantissant des constitutions de rentes, qui duraient pendant un fort long temps.

H. — La publicité donnée aux donations pouvait, dans
certains cas, avertir les tiers que leur débiteur n'était plus
propriétaire de l'immeuble sur lequel il leur offrait hypothèque.

Section IV

Tentatives de réformes.

§ 1. — L'ingérence des rois de France dans le droit
privé ne se fit sentir que fort tard. Tant que, en effet, des

raisons d'ordre politique ne les forçaient pas à intervenir, ils respectaient partout les coutumes observées par les populations. D'un autre côté, les légistes qui entouraient le trône étaient trop imbus des idées romaines sur toute chose pour attaquer le système hypothécaire créé par le droit impérial... Et, même beaucoup plus tard, la doctrine romaine sur les hypothèques « domine encore dans les écrits « de Domat et de Pothier (1). »

Cela explique comment il faut aller jusqu'à l'année 1581 pour rencontrer non pas un essai de publicité en faveur des tiers, mais quelque chose qui y ressemble, avec un but tout différent.

L'édit rendu à Blois sous Henri III, au mois de juin 1581 (2) créa le contrôle ou enregistrement ; il chercha à donner, en les soumettant au contrôle, quelque publicité aux actes notariés qui, on le sait, entraînaient toujours hypothèque ; en cas de non observation de l'édit, l'hypothèque n'était plus conférée à ces actes.

C'était une simple mesure fiscale (3).

On lit, en effet, dans le préambule : « Il y va de notre « intérêt et des seigneurs féodaux, justiciers ou fonciers, « d'autant que les contrats de venditions, aliénations et « échanges sont secrètement passés qui ne viennent que « bien tard à connaissance, et font de difficile et longue

1. Laurent, tome 29, page 36.

2. Cheverny, garde des sceaux. Voyez cet édit : *Recueil général des anciennes lois françaises*, par Isambert, tome 14, pages 493 et suiv.

3. Troplong, *Transcription hypothécaire*, page 35.

« perquisition, étant besoin de rechercher tous les regis-
« tres des notaires des villes et lieux, chose très difficile
« à découvrir : *au moyen de quoi nous et eux sommes*
« *souvent frustrés des droits seigneuriaux*, ce qui n'ad-
« viendrait si tous les dits contrats se trouvaient en un seul
« lieu et endroit. »

L'article 1er, *in fine*, expose le principe dont l'édit a
pour but de réglementer l'application : « Toutes venditions,
« cessions, transports, permutations, constitutions de rente,
« partages, transactions, baux à emphytéose, et tous au-
« tres contrats perpétuels et portant hypothèque..... qui
« auront été enregistrés en la forme susdite, seront préfé-
« rés pour les dits droits de propriété, seigneurie, hypo-
« thèque et réalité, à tous autres qui ne l'auront été, com-
« bien qu'ils soient en date précédente, et que les con-
« tractants eussent pris et fussent en possession des choses
« à eux cédées et transportées. »

L'article 7 crée les contrôleurs, et l'article 8 fixe très
minutieusement les droits à percevoir pour chaque acte
présenté au contrôle (1). Il s'agissait, en définitive, de
battre monnaie avec les nouveaux offices qu'on créait. Et
pourtant, dit Loyseau (2), si cet édit n'eût pas été « si bursal, il n'eût pas été inutile ni incommode. »

L'édit de 1581 fut révoqué par l'article 10 d'un édit

1. « Et pour la communication de chaque contrat, prendra 12 deniers
« tournois. »
2. *Dég.* 3, 1, no 37.

Leray   7

donné à Chartres, au mois de mai 1588 (1). En fait, il était resté à peu près inexécuté (2).

Sous le règne de Henri IV, Sully, le premier, plaça la question sous son jour véritable. Il voulait « qu'aucune per-« sonne, de quelque qualité ou condition qu'elle pût être, « n'eût pu emprunter sans qu'il fût déclaré quelles dettes « pouvait déjà avoir l'emprunteur, à quelles personnes, « sur quels biens (3) ». C'est ainsi que, dans ses mémoires, Sully montrait l'importance de la publicité.

Un édit intervint sur ces bases en 1606. Les dispositions ne différaient guère de celles de 1581 ; le but seul en était différent. Un seul Parlement, celui de Normandie, consentit à l'enregistrer.

Signalons encore au mois de janvier 1629 une ordonnance, œuvre du chancelier Michel de Marillac, qui dispose, dans son article 121, que les jugements rendus à l'étranger, ou les contrats passés hors de France n'engendreront point l'hypothèque. Le contraire eût été un danger de plus pour les tiers.

Citons enfin, avec M. Viollet (4), un essai de réforme au mois d'avril 1657 ; cet essai ne fit d'ailleurs l'objet d'aucune disposition législative.

§ 3. — Le système de l'hypothèque clandestine avait jusque là triomphé facilement de ses adversaires.

1. Basnage, *Hyp.*, page 2.
2. Paul Pont, *Priv. et Hyp.*, tome 2, p. 727.
3. Mémoires, livre 26 ; V. Laurent, tome 30, p. 144.
4. *Précis de droit français,* page 633.

L'idée de Sully fut reprise par Colbert, qui eût voulu la généraliser encore davantage.

En mars 1673, Etienne d'Aligre étant garde des sceaux, parut un édit « portant établissement de greffes pour l'en-
« registrement des oppositions des créanciers hypothé-
« caires. »

« L'amour de nos sujets, disait le préambule, nous ayant
« fait comprendre que la conservation de leurs fortunes dé-
« pend principalement d'établir la sûreté dans les hypo-
« thèques, et d'empêcher que les biens d'un débiteur sol-
« vable ne soient consumés en frais de justice, faute de
« pouvoir faire paraître sa solvabilité, nous n'avons point
« trouvé de meilleur moyen que de rendre publiques toutes
« les hypothèques, et de perfectionner, par une disposition
« universelle, ce que quelques coutumes de notre royaume
« avaient essayé de faire par la voie des saisines et des
« nantissements. C'est pourquoi nous avons résolu d'éta-
« blir des greffes d'enregistrement, dans lesquels ceux qui
« auront des hypothèques pourront former et faire enre-
« gistrer leurs oppositions ; et, ce faisant, seront préférés à
« ceux qui auront négligé de le faire ; et par ce moyen on
« pourra prêter avec sûreté et acquérir sans crainte d'être
« évincé ; les créanciers seront certains de la fortune de
« leur débiteur, et ne seront ni dans la crainte de les voir
« périr, ni dans l'inquiétude d'y veiller ; et les acquéreurs
« seront assurés de n'être plus troublés dans leur posses-
« sion par des charges ou hypothèques antérieures. »

Ces quelques lignes résument très bien toute la pensée de la loi, et l'article 12 pose le principe général :

« Ceux qui auront hypothèque en vertu de quelque
« titre que ce soit... pourront former leurs oppositions aux
« greffes des enregistrements des bailliages et sénéchaussées
« de la situation des immeubles, sur lesquels ils auront
« hypothèque. »

L'article 21 fixe la préférence entre les créanciers hypothécaires, d'après la date de l'inscription : «Les créanciers
« dont les oppositions auront été enregistrées seront pré-
« férés sur les immeubles sur lesquels ils auront formé
« leurs oppositions, à tous autres créanciers non oppo-
« sants, quoique antérieurs et privilégiés. »

Mais cette règle, conséquence nécessaire de la publicité, reçoit plusieurs exceptions qui diminuent singulièrement la sécurité des prêteurs ou des acquéreurs.

1° C'est d'abord l'article 22 : « Néanmoins ceux dont
« les créances ou droits n'excéderont la somme ou valeur
« de 200 livres, ou de 10 livres de rentes, seront conser-
« vés dans leurs hypothèques et privilèges, encore qu'ils
« n'aient fait enregistrer aucune opposition. »

2° De plus, le créancier hypothécaire a, pour former son opposition, un délai de quatre mois. En effet « les
« oppositions enregistrées dans les quatre mois, dit l'ar-
« ticle 23, auront un effet rétroactif au jour que les actes
« auront été passés. »

Au point de vue de la publicité, ces deux restrictions sont graves et fâcheuses.

3° Quant aux hypothèques légales, l'ordonnance que nous étudions a servi de modèle aux auteurs de notre Code civil ; ces hypothèques n'ont pas besoin d'être inscrites pour être opposées aux tiers :

Art. 57 : « N'entendons comprendre en notre présent « édit les hypothèques des mineurs sur les biens de leurs « tuteurs, protuteurs ou curateurs comptables... »

Art. 60 : « Exceptons pareillement les hypothèques des femmes sur les biens de leurs maris pour dot, douaire et autres droits procédant de leur mariage. »

Mais il faut bien le remarquer (et l'édit de 1673 est en cela supérieur au régime hypothécaire créé par notre Code civil), si cette hypothèque légale est valable quoique clandestine, elle ne dure pas indéfiniment.

Par exemple, l'article 64 dispose de la façon suivante : « Les veuves seront tenues de former et faire enregistrer « leurs oppositions, dans l'année du jour du décès de « leurs maris. Autrement, elles n'auront hypothèque sur « les biens que du jour qu'elles auront fait enregistrer leur « opposition. »

Nous retrouverons cette règle dans la loi du 23 mars 1855 (1).

Ajoutons quelques dispositions pratiques réglementant la publicité. Le greffier doit délivrer, quand il en est requis, les extraits de son registre (art. 19 et 73). Il doit

1. D'après l'édit de 1674, le délai d'un an est réduit à quatre mois pour les femmes séparées de biens (art. 63). Cette disposition n'a pas été reproduite par la loi de 1855.

de même délivrer des certificats attestant qu'aucune opposition n'existe, si réellement l'immeuble est libre de toute hypothèque inscrite sur ses registres (art. 73).

Tel est l'édit de 1673 dans la partie qui concerne les coutumes de droit commun.

Ces dispositions sont extrêmement remarquables. Elles créent de toutes pièces un système hypothécaire basé sur la publicité ; elles constituent une partie importante de la réforme rêvée par Colbert : « Il faudrait, disait-il en « effet dans son testament politique, établir des greffes « pour enregistrer tous les contrats et toutes les obliga- « tions : ce serait le moyen d'empêcher que personne ne « fût trompé. »

On eût pu croire que ces prescriptions si sages seraient acceptées avec enthousiasme par l'opinion ; il n'en fut rien : un an plus tard, en avril 1674, l'édit était retiré. Le système clandestin de l'hypothèque romaine avait triomphé de la tentative de Colbert, comme il avait triomphé de celle de Sully. Pourquoi donc ces essais de la royauté (et remarquons qu'à cette époque la royauté était toute-puissante), restèrent-ils infructueux ?

Les causes de ces échecs successifs se lient intimement à l'histoire de la société française dans les siècles derniers. Les grandes fortunes étaient, en général, fort diminuées par un grand nombre d'hypothèques ; les habitudes de luxe, de prodigalité, étaient entrées dans les mœurs de la noblesse, qui mettait son point d'honneur à dépenser sans compter. Un auteur qui, dans l'espèce, n'est point suspect

de partialité, a pu dire : « Depuis des siècles, la haute
« noblesse s'obère par son luxe, par sa prodigalité, par
« son insouciance, et par ce faux point d'honneur qui con-
« siste à regarder le soin de compter comme une occupation
« de comptable (1). » Et plus loin : « Quand sur les
« biens des émigrés il fallut payer leurs créanciers, il fut
« avéré que la plupart des grandes fortunes étaient ver-
« moulues d'hypothèques » (2).

Dans ces conditions, si la publicité des hypothèques
créait d'immenses avantages aux prêteurs et aux tiers, si
elle était utile aux débiteurs dont l'immeuble, déduction
faite des hypothèques, représentait encore une valeur, on
conçoit combien elle était gênante (3) pour les grands seigneurs obérés, qui ne pouvaient plus espérer de crédit que
par la seule apparence d'une grande fortune. « Aussi, dit
« Lemontey, le déchaînement fut hardi et général ; on
« s'écria que l'amour propre des grands aurait trop à
« souffrir en révélant la situation de leur fortune, que le
« lustre des familles reposait sur un obscurité véritable, et
« qu'enfin la noblesse, comme le trône, vivait d'illusions.
« Après treize mois d'une lutte impudente, la cause de la
« probité fut perdue et l'édit révoqué » (4).

1. Taine, *Origines de la France contemporaine*, tome 1er (l'Ancien
régime) page 68.
2. Page 69.
3. « Quant à la vanité blessée, dit M. Laurent, le législateur n'a pas à
« s'en inquiéter ; sa mission n'est pas de nourrir les vices. S'il a des
« leçons à donner, ce sont des leçons de droiture et d'honnêteté. »
4. Lemontey, *Essai sur l'établissement monarchique de Louis XIV*,
page 441.

Dans cette lutte contre la bonne foi qui doit présider à tous les contrats, la noblesse se trouva puissamment soutenue par les parlements. Ces derniers refusèrent l'enregistrement : il fallut des lettres de jussion (1).

« Le Parlement, dit Colbert dans le Testament politique « qui lui est attribué à tort ou à raison (2), n'eut garde de « souffrir un si bel établissement qui eût coupé la tête à « l'hydre des procès dont il tire toute sa substance. »

« Les hommes puissants, » disait Treilhard, dans son Exposé des motifs au Corps législatif, « voyaient s'évanouir « leur funeste crédit ; ils ne pouvaient plus absorber la « fortune des citoyens crédules qui, jugeant sur les appa- « rences, supposaient de la réalité partout où ils voyaient « de l'éclat. »

Parmi les auteurs du temps, deux surtout combattirent la publicité créée par l'édit de 1673.

Citons d'abord Basnage. Ses arguments sont assez étranges, mais il nous les faut signaler puisque, en 1804, au Conseil d'État, M. Bigot-Préameneu a jugé bon de les reproduire.

Dans son Traité des hypothèques (3), après avoir dit que l'édit de 1673 était inutile en Normandie, Basnage ajoute d'une manière générale : « Le contrôle est fort peu utile :

1. E. Martou, page 30.

2. *Testament politique de Colbert*, chapitre XII, page 551. Ed. de 1693. Je sais que l'authenticité de ce testament a été révoquée en doute ; en tous cas, si ce testament n'est pas de Colbert, il est l'œuvre remarquable d'un contemporain de Colbert.

3. Page 3.

« aussi l'a-t-on toujours considéré comme un édit bursal,
« et la seule utilité que l'on en tire ne consiste qu'à décou-
« vrir quelquefois une fausseté, ou pour empêcher qu'elle
« ne se commette plus aisément. »

Il faut bien ici reconnaître que M. Troplong (1), en trai-
tant d'absurdité une phrase semblable, ne peut pas être
taxé d'exagération. Basnage d'ailleurs préconise le remède
romain de l'aggravation des peines contre le stellionat ; car,
dit-il, « pour le nantissement, outre qu'il n'est pas si
« public, on peut l'ignorer : on ne se donne pas toujours
« la peine d'aller fouiller dans les greffes. »

Un second auteur, d'Aguesseau, vient apporter à la sin-
gulière théorie de Basnage tout le poids de sa grande autorité en matière de législation.

Dans un mémoire « sur le projet d'établissement de
« conservateurs des hypothèques » (2), d'Aguesseau se fait
le défenseur de la clandestinité, et son raisonnement trahit
bien plutôt l'homme de cour que le jurisconsulte. C'est le développement des vraies raisons qui motivèrent le retrait de
l'édit de 1673. En voici le résumé : L'opinion étant la reine
du monde, surtout en France, c'est enlever aux hommes leur
dernière richesse que de leur ôter les apparences de la fortune, lors même qu'ils ont tout perdu ; c'est « forcer les
« derniers retranchements de la pauvreté » , il ne faut
pas faire trop connaître la situation des familles ; « il n'y
« aura que les usuriers qui profiteront de cette nouvelle

1. *Priv. et hyp.* tome 2, p. 376, édition 1833. 1.
2. D'Aguesseau, tome 13 de l'édition in-4 de 1789, pages 620 et suiv.

« loi » ; et la conclusion est qu'il faut « laisser les choses
« dans l'état où elles sont. »

Cette opinion de d'Aguesseau, qui se sépare ici de plusieurs jurisconsultes de l'époque, a été sévèrement jugée :
« Un chancelier devait-il prendre parti pour les fripons
« nobles contre leurs dupes? » demande M. Laurent (1),
et M. Dalloz (2) constate que « l'illustre chancelier, vanté
« peut-être à l'excès, a sur la conscience plus d'un juge-
« ment de cette force. »

Nous dirons avec M. Troplong que les motifs de d'Aguesseau « sont d'une politique assez étroite », et qu'ils ne révèlent pas, dans l'esprit de leur auteur, l'existence des
vraies notions du crédit.

Quoi qu'il en soit, l'édit de 1673 fut rapporté au mois
d'avril 1674 en ces termes significatifs : « Quoique nos
« sujets eussent pu recevoir de très considérables avan-
« tages de son exécution, néanmoins, comme il arrive
« ordinairement que les règlements les plus utiles ont
« leurs difficultés dans leurs premiers établissements, nous
« avons résolu de le révoquer. »

Le système romain de la clandestinité devait se maintenir en France jusqu'à la Révolution.

Signalons à son rang de date un édit de mars 1693. Il
prescrit l'enregistrement des actes notariés, et décide que
ces actes n'emporteront point hypothèque, s'ils ne sont
enregistrés. Le but qu'on se propose est, en apparence,

1. Tome 30, p. 146.
2. *Essai sur l'histoire générale du dr. fr.* p. 240.

d'éviter le régime d'antidates et de contestations que Loyseau nous a dépeint. Au fond, ce n'est qu'une mesure fiscale; et comme la situation des tiers n'est pas prise en considération, comme aucune idée de publicité ne se dégage des termes de l'ordonnance et surtout de son préambule, nous ne croyons pas devoir y insister autrement.

§ 5. — En définitive, si nous nous plaçons à l'époque de Pothier (1), tout contrat passé devant notaire emporte hypothèque générale et tacite sur tous les biens présents et à venir du débiteur, et cela en quelque endroit du royaume que ces biens soient situés. Quand deux notaires sont présents à l'acte, point n'est besoin de témoins, et Pothier ajoute : « D'après l'usage, il suffit que le second notaire signe l'acte, quoiqu'il n'ait pas été présent. » L'hypothèque judiciaire tacite est la suite de tout jugement, quelle que soit la juridiction, les tribunaux ecclésiastiques exceptés. Les hypothèques légales sont en grand nombre.

De plus, la question de savoir si la tradition feinte, qui a été faite à un acheteur, est valable même vis à vis des tiers, est tranchée dans le sens de l'affirmative (2).

§ 6. — Les choses demeurèrent en cet état jusqu'à l'édit de 1771, œuvre du chancelier Maupeou.

Hâtons-nous de dire que cet édit ne créa en aucune façon la publicité. Il établissait seulement certaines règles destinées à protéger les tiers contre quelques uns des dangers que la clandestinité des hypothèques leur faisait cou-

1. Pothier, Édition de 1822, tome 12, pages 123 et suiv.
2. Pothier, *De la tradition*, § 321.

rir ; en d'autres termes, il organisait un moyen de purge des hypothèques, moins défectueux, moins coûteux que l'ancien, et dont bien des dispositions ont été favorablement accueillies par notre Code civil.

La procédure « longue et simulée » des décrets volontaires était abolie. Elle était remplacée par le systè ne des lettres de ratification (1).

L'acquéreur d'un immeuble déposait son contrat au greffe du baillage ou de la sénéchaussée où était situé le fonds qu'il s'agissait de purger. Le greffier transcrivait le contrat et le rendait public en l'insérant dans un tableau *ad hoc* exposé dans l'auditoire du tribunal. Cette exposition durait deux mois. Pendant ces deux mois les créanciers hypothécaires pouvaient se révéler et former valablement leur opposition. Après les deux mois, l'immeuble était définitivement purgé de toutes les hypothèques que les formalités précédentes n'avaient pas fait apparaître. Dans tous les cas, des lettres de ratification étaient délivrées à l'acquéreur. Ces lettres étaient scellées à la charge des oppositions qui s'étaient produites soit pendant les deux mois, soit dans les trois ans qui avaient précédé (art. 31). Mais comme les créanciers hypothécaires qui s'opposaient à temps voyaient leur hypothèque prendre date au jour même de sa constitution, les prêteurs n'étaient pas plus protégés sous ce régime que sous le précédent. Rien n'était changé, si ce n'est qu'un nouveau mode de purge était substitué à la procédure des décrets.

1. V. Ginouilhac, p. 760. — V. les art. 7, 8, 9, 15, de la loi.

Mais il y a p lus : il est bien certain que ce système ag-gravait la situation des créanciers et des prêteurs, puisque les préliminaires de la ratification étaient parfaitement insuf-fisants pour apprendre à ces créanciers et à ces prêteurs que leur débiteur avait vendu son immeuble. Et cependant la forclusion était absolue ; une fois les lettres scellées, aucun recours n'était possible. Les incapables eux-mêmes n'étaient pas admis à se prévaloir de leur ignorance ou de leur incapacité.

Si on considère de plus que l'acquéreur, après avoir purgé, pouvait très bien être exproprié par un acquéreur ayant un titre antérieur au sien et qu'il n'avait nul moyen de connaître, il faut bien avouer que sa situation était tout aussi précaire que celle du créancier.

Ainsi « nulle part la fraude ne pouvait se donner plus « librement carrière, et le système hypothécaire était peut-« être le plus vicieux de l'ancien droit (1). »

L'édit de 1771 resta inexécuté en Flandre et en Artois. Il fut également repoussé par le Parlement de Bretagne, par celui d'Aix et par les Conseils souverains de Perpignan et de Colmar. Il fut enregistré et exécuté surtout par les Parlements de Paris et de Dijon.

Section V

Les auteurs qui, sous l'ancien régime, se sont occupés

---

1. Dalloz. *Essai sur l'hist. du dr. fr.*, p. 258.

des hypothèques ont bien souvent signalé les vices nombreux de l'état de choses alors existant, et demandé l'application aussi complète que possible du principe de la publicité.

De Héricourt, dans son Traité de la vente des immeubles par décret, paru en 1727, après avoir exposé les formes du nantissement féodal, dont nous parlerons plus loin, ajoute (1) :

« Ce qui ne semble introduit qu'en faveur des seigneurs
« pourrait être très utile dans la société, si on obligeait à
« observer cette formalité pour toutes sortes de dettes ; car
« celui qui voudrait prêter des deniers à un particulier
« pourrait savoir, en examinant les registres des nantisse-
« ments, si le bien de celui qui emprunte de lui est chargé
« de dettes, et si la créance se trouve suffisamment assu-
« rée. »

Montrant ensuite combien est longue la procédure par décret, combien sont légitimes les nombreuses plaintes qui s'entendent de tous côtés à ce sujet, de Héricourt souhaite la venue d'une loi qui évite ces longueurs et surtout qui rende publiques les diverses phases de la procédure. —
« Il ne suffirait point, dit-il, d'avoir fixé la procédure des
« décrets, il faudrait encore perfectionner ce qui regarde
« les hypothèques. Le moyen de procurer la sécurité à
« ceux qui veulent contracter dans l'espérance que les biens
« de leur débiteur assureront leurs créances, est de rendre

____

1. Page 278.

« les hypothèques publiques. On s'est déjà proposé ce
« moyen dans les coutumes de nantissement », mais,
ajoute notre auteur, ce dernier système est insuffisant
parce que les hypothèques des incapables ne sont pas publiques, et qu'on admet l'hypothèque judiciaire.

Signalons aussi, avec de Héricourt, les préférences bien
marquées de M. de Fourcroy « l'un des plus célèbres avocats de son temps », pour un système hypothécaire basé sur
la publicité de toutes les hypothèques.

De son côté le président Favre (1) ne pouvait comprendre comment l'hypothèque conventionnelle pût se former
sans convention formellement exprimée.

Et Basnage lui-même dit au début de son Traité des
hypothèques : « On mériterait infiniment du public, si,
« pour prévenir les fraudes et les tromperies qui augmen-
« tent tous les jours par la nécessité publique, on pouvait
« trouver quelque voie propre pour empêcher qu'un débi-
« teur ne pût hypothéquer ses biens au delà de leur vraie
« valeur ; en ce faisant, on prêterait et on achèterait avec
« sûreté. »

SECTION V

Exception au droit commun.

§ 1. *Provence.* — En Provence, l'hypothèque légale

---

1. V. Troplong. tome 2, p. 250 et Mourlon, *Traité de la transcription*,
tome 2, page 480.

privilégiée de la femme ne frappait que les biens entrés de son chef dans le patrimoine du mari.

Quant aux hypothèques conventionnelles, une disposition spéciale mérite qu'on s'y arrête : les actes passés devant notaires, qui ne sont point insinués et registrés dans des registres publics, sont regardés seulement comme écriture privée. Autrement dit, ils n'ont d'effet vis-à-vis des tiers que du jour de l'enregistrement.

§ 2. *Normandie*. — Les tiers sont un peu moins exposés.

Le mineur a bien encore une hypothèque légale occulte sur les biens de son tuteur ; mais s'il veut que cette hypothèque remonte au jour de l'acceptation de la tutelle, il doit agir en reddition de compte dans les dix ans de sa majorité. Ainsi le veut l'article 73 du règlement du parlement de Rouen sur les tutelles. Réciproquement le tuteur a une hypothèque légale sur les biens de son mineur.

« Par une déclaration du mois de juin 1606, le contrôle fut reçu en Normandie » (1). La date de l'hypothèque dépendait de la date du contrôle. L'édit fut observé jusqu'en 1693.

L'édit de mars 1693, enregistré au parlement de Rouen le 16 avril suivant, créa, nous l'avons vu, le contrôle pour tout le royaume. On établit donc l'ancien contrôle sur des

---

1. Basnage. *Hyp.*, p. 2.

2. De Héricourt, p. 251. « Cet édit ne fut vérifié en la Cour, en 1606, « qu'avec beaucoup de difficulté, et après y avoir apporté plusieurs modifications, comme étant un édit bursal. »

bases nouvelles. La date de l'hypothèque ne dépendit plus de la date de l'enregistrement ; mais, sans cet enregistrement, l'hypothèque ne pouvait pas plus prendre rang que par le passé. Les contrats de mariage sont également assujettis au contrôle (1).

Observons de plus que « l'article 136 du règlement de « 1666 est remarquable en ce qu'il donne hypothèque « à toute obligation du jour du décès de l'obligé, encore « qu'elle ne soit reconnue ou contrôlée (2). »

§ 3. *Bretagne.* — En Bretagne les parties donnaient au contrat de vente une publicité effective.

On appelait *bannies* les proclamations publiques du contrat translatif de propriété. Ces proclamations étaient faites au nombre de trois, en général, et à une semaine d'intervalle.

Le but de l'acheteur était de s'approprier ainsi l'immeuble vendu. Les formes de ces appropriances ou appropriements sont réglées par les chapitres 40, 41, 45, 220 de la très ancienne coutume de Bretagne, dans les articles 265, 268 de l'ancienne coutume, dans les articles 269 et suiv. de la Nouvelle (3).

C'était en général le dimanche, *inter solemnia sacrorum,* que se faisaient ces bannies. Cependant dans quelques

1. Basnage, *Hyp.* p. 34.

2. J. B. Flaust, *Explication de la coutume de Normandie,* Rouen, 1781, tome 2, page 82.

3. V. Cout. de Bretagne. Ed. (1746) de Duparc Poullain, tome, 2 page 77 et suiv.

lieux, à Lamballe et à Ploërmel par exemple, les bannies avaient lieu les jours de marché : on cherchait toujours à favoriser la publicité.

L'effet des appropriances était, d'après d'Argentré, de conférer à l'acquéreur plus de droit que n'en avait le vendeur lui-même ; la règle était la suivante : *tantum appropriatum, quantum bannitum* ; l'appropriement purgeait donc toutes les hypothèques antérieurement consenties par le vendeur (art. 274 de la coutume), lorsque le créancier gardait le silence.

Comme il y avait là un péril pour les créanciers hypothécaires du vendeur, puisque en un mois tout pouvait être irrévocablement fini, et les hypothèques purgées à leur insu, le roi Louis XIII rendit à Nantes, au mois d'août 1626, un édit appelé « des insinuations à fin d'appropriement. » D'après cet édit qui éveille aussitôt dans l'esprit le souvenir de nos lois modernes sur la transcription, l'insinuation des contrats translatifs de propriété devait être effectuée dans des greffes *ad hoc*, et les bannies ne pouvaient être valablement faites que six mois après l'insinuation.

Nous avons cru devoir exposer ce système parce qu'il rend publiques les transmissions de la propriété et que, si l'hypothèque n'est pas publique, les créanciers hypothécaires sont tout au moins certains de demander une hypothèque au véritable propriétaire de l'immeuble. C'est, nous l'avons vu, une des faces de notre question de la publicité.

Quant à la constitution des hypothèques, pour couper

court aux discussions antérieures (1), les articles **176** et **177** de la nouvelle coutume firent produire hypothèque aux contrats notariés et aux jugements, d'après le droit commun de la France (2).

Mentionnons pour mémoire l'article **49** de l'édit aussi célèbre qu'éphémère, du mois de mars 1673. Cet article exigeait que, avant de commencer les bannies, l'acquéreur fît signifier son contrat aux créanciers hypothécaires dont les oppositions auraient été enregistrées.

Il y a une analogie certaine entres les appropriances et les lettres de ratification. En **1785**, M. Corail de Ste Foy, commentant l'édit de **1771**, écrivait ce qui suit (3) : « Les « lettres de ratification ont un rapport très intime avec les « appropriances par bannies, établies dans la coutume de « Bretagne et qui subsistent encore dans cette province, « n'ayant pas été abolies par notre édit : on peut appli- « quer aux lettres de ratification ce que d'Argentré dit des « appropriances. »

Section VI

Pays de Nantissement.

§ 1. — Nous avons vu le système occulte du droit ro-

1. V. coutume de Bretagne, tome 2, page 297.

2. V. cet art. 177 et son commentaire, coutume de Bretagne, tome 1, page 515.

3. Page 34.

main régner dans les pays de coutumes. Si le mal était grand, du moins avait-on sous les yeux le remède.

En effet, si nous nous reportons au moment où l'influence envahissante du droit romain exerçait son action fâcheuse sur le principe que nous étudions, nous constatons au nord de la France une résistance vigoureuse, et couronnée de succès, à la clandestinité des hypothèques. Un grand nombre de coutumes, comprises dans la Flandre, le Brabant, le Hainaut, l'Artois, l'Alsace, et dans une partie de la Picardie et de la Champagne, mirent à profit les solennités du droit féodal pour organiser, au moyen d'elles, la publicité des hypothèques et des transmissions de la propriété. Plusieurs villes d'Allemagne et d'Angleterre restèrent pareillement fidèles à notre principe : nous en parlerons plus loin.

Tout d'abord il est une règle fondamentale en droit féodal : les seigneurs conservent toujours un droit de domaine éminent sur toutes les terres de leur juridiction, et n'oublions pas que, dans les pays du nord, il n'y a point de terre sans seigneur.

Dans ces conditions, l'intervention de ces seigneurs se trouvait être absolument nécessaire, pour toutes les aliénations que les particuliers consentaient sur les fonds par eux tenus. « Le vassal ne faisait, en vendant sa terre, que « renoncer, au profit d'un tiers, à des avantages qui lui avaient été concédés (1). » Le vassal ne faisait, comme

1. *Documents hypothécaires,* préface.

on l'a dit, qu'une *procuratio ad resignandum*. C'est ce que Voët exprime ainsi : « *Etenim vassalus alienans vere* « *non tam ipsi tradit emptori aut alteri simili quam po-* « *tius domino directo in usum emptoris* (1). » Et Gui Pape : « *Non transfertur dominium sine consensu domini* « *directi* (2). »

La règle était la même pour l'hypothèque qui conduit, en somme, à une aliénation forcée en cas de non exécution de l'obligation qu'elle garantit (3). La règle était aussi la même pour le gage réel. L'ordonnance de Philippe-Auguste, de février 1218, est formelle sur ce point.

De plus, à l'origine de la société féodale, alors que le « législateur était obligé de frapper les sens grossiers de « l'homme par des rites symboliques et des formes palpa- bles (4) », l'aliénation d'un droit par la seule volonté des parties était impossible à concevoir ; il fallait le secours d'un acte extérieur et allégorique.

On exigea donc certains faits extérieurs, patents, qui pussent montrer à tous que dans la vente, par exemple, le vendeur se dépouillait, se dévêtissait, et que l'acheteur se vêtissait en sa place, c'est-à-dire se substituait à lui dans la

1. Ad. Pand. liv. 41, tit. I, § 98.

2. *Additio* à la question 112. Bouteiller, dans sa *Somme rurale* (fin du XIV⁰ siècle) pose en ces termes le principe : « Sachez que tu ne peux « ni dois obliger ton héritage qui vaille, sans le seigneur de qui il est tenu « et que ce ne soit par Loy ; ni dons ni legs que autrement y ferais, ne tiendrait. » (Édition Charondas, page 136).

3. V. Laurent, *Droit civil*, tome 30, page 143.

4. Troplong, *Priv. et Hyp.*, préface. Voyez aussi Troplong, *Transcrip- tion hypothécaire*, pages 16 et 17.

possession de la chose aliénée (1). Ainsi, la tradition effectuée par l'offre d'un fétu, d'une motte de terre, etc.

La nécessité de cette comédie juridique d'une part, celle
de l'intervention du seigneur d'autre part, amenèrent naturellement ce dernier à présider cette solennité. Comme ces
mutations de propriété ou les constitutions de droits réels
qui en empruntèrent les formes étaient l'occasion d'un profit pour les seigneurs, ceux-ci tinrent beaucoup à l'observation de ces formes publiques. Par suite, la publicité des
transmissions immobilières et des constitutions de droit
réel devint le droit commun de la France, dans presque tous
les pays où s'était fortement établi le régime de la féoda-
lité, puis elle dut faire place à la clandestinité de l'hypothèque romaine, sauf dans les pays de nantissement.

J'admettrais volontiers qu'à l'origine cette publicité
n'eut peut-être d'autre résultat que d'assurer la perception
d'un droit seigneurial. Il est également fort probable que,
jusqu'à l'introduction du système romain dans le centre
de la France, les solennités féodales, imaginées pour les
transmissions de propriété, ne servirent à constituer ainsi
que très peu d'hypothèques.

Mais il y en eut cependant, car on lit dans Brodeau, sur
la coutume de Paris, tome 1, page 630 : « Lequel droit de
« nantissement, aussi bien que celui du vest et du devest,
« a eu lieu autrefois en la coutume de Paris, non seule-
« ment pour acquérir la saisine et possession de l'héri-

1. Voyez Décisions de Jean Desmares, n° 189. On employait encore les
mots de Vest, Devest, Dessaisine Saisine, Déshéritance, Adhéritance.

« tage, dont les preuves et autorités ont été rapportées ci-
« dessus, mais aussi sur la simple constitution d'hypo-
« thèque spéciale sur un héritage, comme il se voit au
« procès-verbal de l'ancienne coutume de Paris, sur l'ar-
« ticle 196. Et semble que cela avait été introduit par
« lettres patentes du Roi Charles VII, du 27 mai 1424,
« portant que dorénavant sans nantissement actuel l'hypo-
« thèque ne pourrait être constituée. » Et Brodeau ajoute :
« ce qui a été aboli *per non usum* » (1). Il faut donc bien remarquer que la publicité des hypothèques existait dans les
pays de coutumes avant que l'on ressentît complètement les
effets de l'influence des études juridiques romaines. D'un
autre côté, les communes conservèrent, au moins à l'origine,
cette publicité (2) dont le régime féodal entourait les droits
sur les immeubles.

§ 2. — Quelles sont les formes qui président à l'établissement de ces droits réels et qui en constituent la publicité ?

Elles étaient très variables. Les unes exigeaient des
solennités symboliques, d'autres de simple déclarations. En
général, le créancier exhibait son contrat aux officiers de
justice compétents, c'est-à-dire à ceux du seigneur haut
justicier, et leur demandait de le nantir, par hypothèque, de
l'héritage engagé, afin que, dans la suite, tout nouveau
nantissement n'eût lieu qu'à la charge de cette hypothèque ;
mais ce qui est surtout important à noter, c'est « l'inscrip-

____

1. Tout cela est encore confirmé par Loyseau, *Déguerpissement*, liv. III,
chap. 1er, n° 35.

2. *Documents hypothécaires*, préface.

« tion du créancier hypothécaire dans des registres publics
« tenus par les officiers du seigneur et où les héritages
« avaient leur compte ouvert » (1). Ces registres, déposés
au greffe de la justice du lieu, étaient accessibles à tous.
Cette formalité essentielle assurait la publicité de l'hypothèque.

Disons quelques mots de ces formes féodales, connues
sous le nom générique de nantissement, d'œuvres de loi,
de réalisation etc., qui servaient à constituer les droits
réels (2). La propriété, avons-nous dit, se transférait pour
les immeubles par une prise de possession officiellement
constatée par les officiers du seigneur. Tant que l'acquéreur n'était pas ainsi nanti, il n'avait qu'une action personnelle (3), et, de deux acquéreurs consécutifs, le premier
nanti était préféré, même lorsque son contrat était postérieur (4).

En matière de constitution d'hypothèques conventionnelles, les formes étaient analogues. Comme les aliénations,

---

1. Troplong. *Priv. et Hyp.*, tome 2, n° 559.

2. « Car sans telle formalité hypothèque n'a lieu. » Note de L. Charondas
le Caron, page 142 de la *Somme rurale*, de Bouteiller.

3. « Celui, dit Bouteiller, qui vend sa tenure, mais en retient encore la
« saisine par devers lui, et n'en fait vest à l'acheteur, sachez qu'il est
« encore sire de la chose. » (*Somme rurale*, liv. I, chap. 7, page 397).

4. En ce sens un arrêt du 1er juin 1702, Parlement de Paris, rapporté
par Maillard sur l'art. 74 de la coutume d'Artois. — Voyez aussi l'article
43 chap. 5 de l'ancienne coutume de Vermandois : « Et si plusieurs nan-
« tissements sont faits sur mêmes héritages, les premiers nantis sont les
« premiers payés. »

elles avaient lieu en public, *unter dem blauen Himmel,* disaient les Allemands.

§ 3. — Il y a trois modes généraux de constituer hypothèque. Ils portent les noms suivants :

1° Mise de fait ;

2° Rapport d'héritage ;

3° Main assise (1).

(A) — La mise de fait était surtout employée en Picardie, en Flandre et en Artois (2).

Il faut tout d'abord que le créancier qui requiert hypothèque ait un titre valable. Pour cela, il obtient du juge compétent une commission autorisant l'exploitation (3) ; cette commission est signée du greffier et scellée. Puis on fait exploiter par un huissier ou un sergent. L'impétrant se met alors lui-même ou par son fondé de pouvoirs en posssession réelle de l'immeuble. Ensuite il signifie le procèsverbal de cette mise de fait au propriétaire *et au seigneur* : ce dernier point est essentiel. Cette signification est accompagnée d'une assignation à comparaître pour entendre con-

---

1. Voyez Vermandois, nouvelle, art. 119 ; Denizart, à ces mots ; De Héricourt, page 285.

2. V. Lille, *Bailliage,* chap. 19 ; Merlin, répertoire, au mot mise de fait.

3. Quel est ce juge ? Les coutume varient à l'infini (V. Merlin rép., au mot mise de fait, § 2). Mais en tous cas les notaires n'étaient point compétents. Au xviie siècle, Louis XIV ayant créé à Avesnes six offices de notaires, ceux-ci ne purent obtenir le pouvoir de dispenser leurs clients des devoirs de loi (Laurent, tome 29 pages 26 et 27). V. Coutumier général, tome 2, page 64, en note sur l'article 4 du chapitre 29, Chartes du Hainaut. V. encore Coutumier général, tome 2, page 610 et Merlin, Répertoire, au mot devoir de loi.

firmer la procédure effectuée, c'est-à-dire pour décréter la mise de fait. Remarquons que ces formalités mettent l'héritage *sous la main du créancier*.

(B) — *Rapport d'héritage*. — Article 112 de la coutume de Ponthieu (1495) : « L'obligé ou propriétaire, ou
« celui contre lequel on voudrait acquérir droit réel, se
« dessaisit des meubles ou immeubles à lui appartenant en
« la main du seigneur dont il les tient, ou de ses officiers
« ayant pouvoir à ce ; la saisine et sûreté en est baillée
« à celui qui voudrait avoir la dite hypothèque, pour y
« avoir et prendre son droit et hypothèque à la conserva-
« tion de son droit ; le dit seigneur payé ou contenté de ses
« droits seigneuriaux tels que de raison (1). »

(C). — *Main assise* (2). — Le créancier qui veut obtenir hypothèque obtient une commission du juge ; puis il assigne le débiteur et le seigneur pour faire déclarer son hypothèque valable.

Ici l'héritage est mis sous la main de la justice.

(D). — Il y a bien un quatrième mode, la main mise ; mais la main mise se rapproche beaucoup du contrat d'antichrèse.

(E). — On peut même en citer un cinquième, spécial à la châtellenie de Lille, et qui consiste à faire revêtir le contrat du scel du bailliage de Lille, avec publicité par

---

1. V. de même l'alinéa 2 de l'art. 117 de la coutume générale du bailliage d'Amiens.

2. V. *Bailliage* de Lille, chap. 20.

registres, d'après l'ordonnance de Philippe II, roi d'Espagne, du 10 janvier 1592.

Quelqu'intéressantes que puissent être les questions de doctrine soulevées par les œuvres de loi, nous ne pouvons nous y attarder. Revenons à notre principe.

Bien que les solennités des œuvres de loi se passent en public, il faut, de plus, que leur souvenir puisse échapper à l'oubli : il faut des registres. Or, de fort nombreuses coutumes prescrivent cette tenue des registres. Citons, au hasard : l'article 10 *in fine* des coutumes du bailliage de Bapaume (1670) ; l'article 3 de la rubrique 2 de la coutume de la Prévôté de Saint-Donas à Bruges, s'étendant dans la ville et territoire de Bergh (1) ; le titre 21, article 7, des lois et coutumes de la ville de Bruges (2) ; l'article 88 des statuts du pays du Franc (3) ; le chapitre 80 des coutumes d'Ypres (4). Voyez encore : Gand, rubrique 6, article 1 et suiv. ; Audenaerde, rubrique 13, article 18 ; Waës, rubrique 8, article 4 ; Nivelle, chap. 1er, article 34 ; Binch, article 88 ; Valenciennes, nouvelle, article 117; chap. 17 ; Luxembourg tit. 5, article 2 ; Vermandois, nouvelle, 120 (5) ; Reims, 177 ; Péronne, 260 ; Vallois article 13 *in fine* ; Bouillon, chap. 2, article 7 etc..., etc...

Une chose ici est à remarquer : c'est que les formes de

---

1. Coutumier général, tome I, p. 539.
2. *Eodem loco*, p. 581.
3. P. 611.
4. P. 839.
5. Tome 2, p. 464.

la publicité sont judiciaires, tandis que dans notre droit moderne, *en France*, elles sont administratives.

Observons aussi l'importance de ces registres : quand la minute des œuvres de loi était perdue, le registre faisait foi contre la grosse de l'acte (1), et très souvent les hypothèques non enregistrées sont déclarées absolument nulles (2).

§ 4. — *Restrictions à la publicité dans les pays de nantissement*

Le droit romain, vaincu sur la question générale de la publicité, était cependant parvenu à introduire, dans certaines coutumes, des exceptions à cette publicité en faveur de quelques sûretés particulières.

(A). — C'est ainsi par exemple que, dans quelques pays de nantissement, l'ordonnance de Moulins introduisit l'hypothèque judiciaire ; on pouvait tourner alors la nécessité où l'on se trouvait d'employer les formes des devoirs de loi : on se servait des tribunaux pour prendre une sentence d'hypothèque (3). « Les arrêts donnent « droit réel et de préférence », dit l'article 79, titre 5, des coutumes de Bruxelles (4).

---

1. V. de Héricourt, Vente d'immeubles par décret, page 285 ; Brillon, *Dictionnaire des arrêts* au mot *ensaisinement*.
2. En ce sens un placard du 16 septembre 1673.
3. V. de Héricourt, p. 280 ; Troplong, tome 2, p. 374.
4. Coutumier général, tome 1, p. 1240.

(B). — *Hypothèques légales*. — La jurisprudence générale de la Flandre flamande admettait pour les incapables une hypothèque légale tacite.

En Picardie le contrat de mariage engendre hypothèque sans nantissement, et Brodeau (1) rapporte de même un arrêt du 7 septembre 1602 qui a jugé que dans la coutume d'Amiens la fille a hypothèque sur les biens de son père et de son mari pour ses conventions matrimoniales, bien qu'elle n'ait point pris nantissement.

La coutume du comté de Boulogne, réformée en 1550, proclame par ses articles 115 et 116, la nécessité des œuvres de loi mais l'article 101 est ainsi conçu : « Le « douaire est préféré au devant de toutes hypothèques « créées et engendrées depuis la consommation du mariage. »

Les articles 5, 21, 111 de la coutume de Ponthieu (2) posent le principe : il faut pour créer hypothèque procéder au moyen des devoirs de loi ; mais un arrêt du 29 juillet 1623, donné après enquête par turbes (3), reconnaît aux incapables une hypothèque légale tacite.

La coutume de Bergh Saint-Winox, rubrique 12, article 14 (4) contient les mots suivants : « tous les biens des « mêmes tuteurs demeurant, par dessus cela, tacitement

1. Sur Louet, tome 1. p. 861.
2. 1495.
3. Coutumier général, tome 1, p. 95, en note.
4. Coutumier général, tome I, p. 521.

hypothéqués. » Et de même la coutume de Metz, titre 9, article 11 ; Sedan, 115.

La coutume de Bailleul donne hypothèque tacite, excepté sur les fiefs, « pour tous contrats raisonnables de « mariage. » Et aussi la coutume de Vermandois de 1556, article 43 (1) ; Péronne, 135 ; etc....

Nous ne poursuivrons pas davantage cette énumération des coutumes de nantissement qui admettaient l'hypothèque légale. Signalons rapidement quelques exceptions à la publicité des mutations immobilières.

(C). — Le mort saisit le vif dans presque toutes les coutumes (2). Il faut excepter quelques parties du Hainaut où le nantissement est exigé pour les successions collatérales (3). De même la coutume de Valenciennes nous dit (4) : « Quiconque appréhendera de son autorité le bien « d'un trépassé, sans voie de justice, encourra l'amende ; « mais en ligne directe on peut les appréhender. »

Pour les transmissions par testament, les coutumes étaient partagées (5).

(D). — Quant aux partages, les œuvres de loi ne sont pas en général exigées, à cause du caractère déclaratif de cette opération (6).

(E). — L'article 70 de l'ancienne coutume de Valen-

1. Coutumier général, tome II, p. 458.
2. Exemple, Cambrai, titre 14, art. 1.
3. et 4. V. Laurent tome 29, p. 24.
4. Cout. Général, tome 2, p. 250, nouvelle coutume, art. 151.
5. V. Lille, chap. 2, art. 59 ; exception : art. 42, rubrique 19 de la coutume de Bergh Saint-Winox.

ciennes (1) dispense les donations des formes du nantissement. Au contraire, l'article 38, chapitre 5, de l'ancienne
coutume du Vermandois les y assujettit, tout au moins en
général (2).

§ 5. — *Coutumes de publicité absolue.*

Nous nous sommes successivement élevé du sud au
nord de la France, faisant à chaque étape un pas de plus
vers la publicité. Il nous reste à dire quelques mots de
certaines coutumes admettant cette publicité absolue.

En Belgique, le contrat de mariage est en général assujetti au nantissement (3).

Les coutumes générales d'Artois, de 1509, et celles ré-
formées en 1544 sont muettes sur l'hypothèque légale
tacite des incapables. De même, celles des villes de Saint-
Omer, d'Aire, de Lens en Artois, de Bapaume, de Hesdin,
de Saint-Pol, de Lillers, etc. ; toutes se hornent à assu-
jettir les contrats à l'observation des œuvres de loi.

L'article 6, titre 9, de la coutume de Furne mérite
qu'on s'y arrête : Les biens des mineurs seront enregistrés, et les tuteurs seront tenus de donner caution de leur
administration, cette caution portant d'ailleurs de préférence
sur des immeubles et, dans ce dernier cas, l'hypothèque
devant être créée par les formes des devoirs de loi. Nous

1. Coutumier général, tome 2, p. 231.
2. Eodem, p. 442.
3. Merlin, au mot *nantissement.*

signalons ce système, parce qu'il n'est pas éloigné de celui que proposait, en 1841, la faculté de droit de Paris.

L'article 11 de la rubrique 18, coutume d'Ostende, exige des tuteurs « une caution bourgeoise et suffisante ». Mais l'hypothèque légale tacite n'existe pas (1).

« Les hypothèques tacites n'ont pas lieu au pays de Liége » (2).

« Par la coutume générale du bailliage de Lille ne « sont aucunes hypothèques tacites, sauf le privilège du « prince » (3).

Tous ces textes et plusieurs autres encore semblent établir formellement une absolue publicité dans les pays que nous venons de citer. Cependant il y a eu pendant longtemps discussion, tant en doctrine qu'en jurisprudence, sur le point de savoir si les hypothèques légales tacites existaient malgré les dispositions précédentes qui semblent les rejeter. Nous croyons qu'il faut rejeter, dans ces derniers pays, toute hypothèque tacite, à cause des termes fort nets, en ce sens, de l'article 24 de l'édit perpétuel donné par les archiducs d'Autriche « pour la meilleure direction « des affaires de leur justice dans leurs pays de par de-

1. Coutumier général, tome I, p. 762. Les coutumes suivantes ne font pas mention non plus de l'hypothèque légale du mineur : Gand, art. 1010 et 1011 ; Audenarde, rubrique 18, art. 6 ; Termonde, art. 5, rubrique 14. De même pour celle de la femme mariée : Chartes du Hainaüt de 1619, chap. 34, art. 4 et 14.

2. Chap. 7, art. 60.

3. Art. 3, chap. 22. V. aussi coutume de Lorraine, titre 4, art. 7 et 10.

« çà ». Cet édit, de l'an 1611, proclame la nécessité des œuvres de loi et n'admet à cette règle générale qu'une seule exception en faveur du fisc. Donc il n'y a pas d'autres hypothèques tacites.

En ce sens, Bruxelles, 1er avril 1814 contra : Grand conseil de Malines, 17 avril 1618.

§ 6. — Nous voyons donc en résumé que la publicité avait emprunté les formes féodales, mais qu'elle n'en était pas moins, pour les tiers, un élément de sécurité dans leurs transactions, une des bases de leur crédit.

Ainsi s'explique le profond attachement des populations à ce système, et lorsque, en 1804, la clandestinité faillit pénétrer dans le Code civil, le tribunal d'appel de Bruxelles « qui n'était ici que l'organe des réclamations « universelles des habitants du ressort (1) », fit entendre les plus énergiques protestations.

Ce n'est pas que, depuis la rédaction de ces coutumes jusqu'à la Révolution, notre principe n'ait pas couru de grands dangers dans les pays de nantissement.

L'édit de Colbert, de 1673, abrogeait par son article 71 « l'usage des saisines et nantissement pour acquérir hypothèque et préférence. »

Les pays de nantissement ne réclamèrent pas, puisque la publicité subsistait de toute façon ; et quand, un an plus tard, l'édit de 1673 fut abrogé, les vieilles formes étaient là pour reprendre leur rôle.

---

1. Tribunal de Bruxelles, observations sur le projet du Code, page 34.

Mais lorsque parut l'édit de 1771, abrogeant, par son article 35, l'emploi des saisines et nantissement, pour acquérir hypothèque, le Parlement de Flandres et d'une manière générale tous les pays de nantissement, refusèrent d'accepter cet article 35 qui venait détruire chez eux le crédit en détruisant la publicité.

Il fallut un nouvel effort. Une déclaration, donnée le 23 juin 1772, en explication du précédent édit, décida, quant aux constitutions d'hypothèque, que les pays de nantissement seraient assimilés au reste de la France.

Si cette disposition législative avait été admise partout, la publicité n'eût plus possédé de refuge en France.

Mais si plusieurs coutumes (1) durent céder, le Parlement de Flandre refusa d'enregistrer la déclaration de 1772, comme il avait repoussé l'édit de 1771, et la royauté n'osa l'y contraindre.

De même le conseil d'Artois ne tint compte ni de la déclaration ni de l'édit.

On a souvent cité les remontrances que le parlement de Flandre adressa au roi Louis XV, à cette occasion. Le parlement déclarait qu'il « regardait la publicité des hypo-
« thèques comme le chef d'œuvre de la sagesse, comme le
« sceau, l'appui et la sûreté des propriétés, comme un
« droit fondamental dont l'usage avait produit dans tous
« les temps les plus heureux effets et avait établi autant de
« confiance que de facilité dans les affaires que les peuples

1. Vermandois, Châlons, Reims, Valois, Amiens, Boulonnais, Ponthieu, Montreuil.

« belges traitent entre eux. Par cette forme toutes les char-
« ges et hypothèques étaient mises à découvert ; rien n'était
« plus aisé que de s'assurer de l'état de chaque immeuble
« par la seule inspection des registres... La Flandre se
« trouverait ruinée par une innovation sans objet. »

Remarquons, en tous cas, que l'édit de 1771 et la déclaration qui suivit, laissaient subsister la publicité pour
les actes d'aliénation et ne s'appliquaient qu'aux constitutions d'hypothèques (1).

Au moment de la réforme hypothécaire, en 1845, un
magistrat célèbre prononçait en ces termes l'éloge de la législation que nous venons d'étudier : « Rien n'a encore rem-
« placé la sécurité anciennement attachée à ces sortes de
« transmissions, qui étaient alors une affaire de droit pu-
« blic » (2).

1. Troplong. *Transcription hypothécaire*, p. 37.
2. Réquisitoires et plaidoyers de M. le procureur général Dupin, tome 7,
p. 80, discours de rentrée, 1845.

CHAPITRE V

SECTION 1

§ 1. — Nous avons vu quel était le système de clandestinité qui régissait la presque totalité de la France au moment où éclata la Révolution.

Une question aussi importante que celle du régime hypothécaire ne pouvait guère être résolue dès les premiers jours, au milieu des préoccupations si graves de l'Assemblée Constituante. Il fallait, en effet, créer une législation toute nouvelle, prendre parti entre la clandestinité qui régnait dans la presque totalité des coutumes, et la publicité qu'avaient adoptée les pays de nantissement. Il fallait aussi tenir compte des théories économiques, nouvelles et inexactes, que formulaient les physiocrates.

Cependant, notons que la plupart des cahiers demandaient des améliorations au régime hypothécaire (1) et que divers projets sur ces matières furent présentés à l'Assemblée. Absorbée par d'autres soins, la Constituante ne put les examiner.

1. Observations du tribunal de Caen sur le projet de Code civil, p. 29.

Nous n'aurons donc à mentionner pendant ces premières années de la Révolution que quelques mesures transitoires parmi lesquelles nous citerons d'abord le décret des 6-7 septembre 1790, qui supprima les anciens offices et annexa aux tribunaux de district les chancelleries établies par l'édit de 1771 pour sceller les lettres de ratification (art. 22 et 24). L'office de garde des sceaux devait être gratuitement exercé, à tour de rôle et suivant l'ordre du tableau, par les juges du tribunal de district (art. 23).

En second lieu, le décret des 19-27 septembre 1790 consacra pour toutes les formalités du nantissement le résultat général obtenu dans la nuit du 4 août, c'est-à-dire abolit toutes ces formalités, mais il respecta le principe de la publicité dans les pays où il était observé. En effet, dans ces provinces, la transcription fut ordonnée pour les constitutions d'hypothèques et pour les transmissions de la propriété immobilière. La tenue des registres était confiée aux greffiers des tribunaux du district (1).

D'ailleurs, le décret des 13-20 avril 1791 validait les transcriptions opérées dans ces pays depuis le 4 août 1789.

Ces dispositions sur la transcription sont purement locales. L'amour bien connu des populations du Nord pour la publicité des droits réels les imposait à la Consti-

---

1. Art. 3. Art. 4 : » Les dites transcriptions seront faites par les greffier
« des tribunaux du district de la situation des biens, selon l'ordre dans
« lequel les grosses des contrats leur auront été présentées, et qui seras
« constaté par un registre particulier. Et les greffiers seront tenus de
« communiquer ces registrés sans frais aux requérants. »

tuante (1). On maintint donc le principe, tout en changeant les formes (2).

Toutefois remarquons que ces lois transitoires, bien que spéciales aux pays de nantissement, révèlent déjà l'intention, chez les nouveaux législateurs, de ne point laisser périr le principe de la publicité.

Nous n'insisterons pas davantage sur les quelques propositions émanées des membres de la Constituante, touchant l'établissement d'un régime hypothécaire basé sur la publicité, puisque ces propositions n'eurent pas d'autre suite qu'un rapport favorable, émané du Comité de législation, et non discuté par l'Assemblée.

Section III

Loi du 9 messidor an III

§ 1. — L'Assemblée législative reprit ces projets mais se sépara sans avoir rien décidé (3). Les deux projets de Code que Cambacérès présenta successivement à la Convention, en 1793 et en 1794, conservaient tous deux l'hypothèque en l'assujettissant à la publicité. La Convention n'accepta point ces projets, et, par la suite, introduisit dans les théories hypothécaires des idées toutes nouvelles.

1. Troplong. *Transcription hypothécaire*, p. 40.
2. Laurent, tome 30. p. 147.
3. Dalloz. *Essai sur l'histoire générale du droit français*, p. 303.

§ 2. — Le 16 floréal an III (1), Johannot, au nom des comités de Salut public, de législation, et des finances réunis, exposait tout un plan basé sur le régime hypothécaire. Il s'agissait de mobiliser en quelque sorte le sol de la France en permettant ce qu'on appelait l'hypothèque sur soi-même. La loi admettait tous les propriétaires d'immeubles à se faire délivrer, par le conservateur des hypothèques, des cédules sur leurs propres fonds. Ces cédules étaient de vrais billets à ordre, transmissibles par endossement, et pouvant représenter une somme égale aux trois quarts de la valeur de l'immeuble.

Le but principal de cette innovation considérable et dangereuse était de se servir des cédules qu'on établirait sur les biens nationaux afin de retirer les assignats contre lesquels elles auraient été échangées.

Cette idée une fois admise, la loi, dont Vernier fut rapporteur, se divisa en deux parties distinctes : La première eut trait aux cédules ; la seconde organisa le régime hypothécaire et consacra la publicité.

Le système des cédules était contraire aux mœurs de la France (2) ; fécond en dangers que nous n'avons pas à développer ici, il souleva des réclamations si générales que le législateur n'osa faire exécuter sa loi, et que le système

---

1. V. *Moniteur* de l'an III, page 934.

2. V. Troplong. *De la vente*, § 903. Comparez avec la loi de 1874, sur l'hypothèque maritime. Cette loi crée avant la dette des inscriptions toutes prêtes à être délivrées au premier venu qui voudra bien devenir créancier avec garantie hypothécaire sur le navire.

hypothécaire proprement dit se trouva par là même inexécuté, comme l'innovation à laquelle on le liait (1). « La
« publicité avait associé son sort à des combinaisons dé-
« sastreuses » ; la loi ne pouvait pas vivre (2).

§ 3. — D'après la loi de messidor, « il n'y a d'hypo-
« thèques que celles résultant d'actes authentiques inscrits
« dans des registres publics, ouverts à tous les ci-
« toyens (3). » « En conséquence, il n'y a plus d'hypo-
« thèque tacite (4). » Il ne reste plus désormais que l'hypothèque conventionnelle et l'hypothèque judiciaire. Tout
acte public, tout jugement engendre de plein droit hypothèque sur tous les biens présents et futurs des obligés ou
condamnés, sans même qu'il soit besoin de la stipuler
expressément. Mais cette hypothèque n'a de force, ne produit d'effets que par l'inscription sur le registre du conservateur (art. 19). L'hypothèque prend rang du jour de l'inscription, à moins qu'elle ne soit inscrite dans le mois qui
suit le jour où est intervenu l'acte qui la constitue : dans
ce cas, l'hypothèque remonte au jour du contrat.

En somme, notre principe était, comme en 1673, entré
dans la législation : sauf certaines restrictions graves, il
n'en est plus sorti. Nos lois modernes ont érigé cette pu-

1. « C'est, en législation, une affreuse méthode », disait Jourdan (des
Bouches-du-Rhône) au conseil des Cinq-Cents (séance du 11 nivôse an V)
« de marier la loi civile à des lois fiscales ou à des opérations de fi-
« nances. »
2. Troplong, Transcription hypothécaire, p. 43.
3. Art. 3.
4. Art. 17, *in fine*.

blicité en un véritable dogme ; elles en ont fait la base et le pivot du régime hypothécaire (1).

§ 4. — Nous avons montré antérieurement combien est incomplète la publicité des hypothèques, si l'on n'y joint pas celle des autres droits réels et surtout celle des transmissions de la propriété immobilière. Car, nous l'avons dit, « il importe avant tout au crédit que celui prête sur hypo- « thèque soit certain du gage qui lui est affecté (2). »

Le législateur de messidor comprit bien l'intime relation de ces deux publicités : « Nulle expropriation de biens « territoriaux, disait l'article 99, volontaire ou forcée, entre- « vifs et à quelque titre que ce soit, ne peut avoir lieu, à « peine de nullité, si elle n'a été précédée de la déclaration « foncière des biens qui en sont l'objet, faite et déposée « dans les formes prescrites entre les mains d'un conser- « vateur. »

Si l'on avait supprimé les cédules (3) et organisé la protection des incapables, ce système hypothécaire eût vécu. La loi de brumaire que nous étudierons par la suite a bien supprimé les cédules, mais n'a pas protégé suffisamment les incapables : ce fut son défaut.

§ 5. — La loi de messidor, qui devait être obligatoire au 1er nivôse de l'an IV, ne fut jamais appliquée.

A la séance du 25 frimaire an IV (4), sur le rapport de

1. Paul Pont. *Hypothèques*, tome 2, édition 1859, page 725.

2. Dalloz. *Essai sur l'hist. gén. du dr. fr.*, p. 303.

3. Voyez sur le crédit basé sur les cédules le rapport déposé le 31 août 1848 à l'Assemblée nationale, par Léon Faucher.

4. *Moniteur* de l'an IV, p. 364.

Rouzet, le conseil des Cinq Cents votait la loi suivante :
« Considérant que l'intérêt des créanciers et des débiteurs
« exige que la législation nouvelle soit mise à leur portée
« pour qu'ils ne soient pas exposés à des dommages que
« pourrait leur occasionner la trop prompte abrogation des
« lois précédentes, déclare :

Article 1er. — « Le terme du 1er nivôse an IV, indiqué
« dans les articles 1, 255, 264 et 276 du décret du
« messidor an III, est prorogé au 1er germinal pro-
« chain. »

Et à la séance du 18 nivôse suivant, au Conseil des
Cinq-Cents, le même Rouzet faisait adopter, sur le sceau
des lettres de ratification, un projet de loi transitoire, qui
fut voté par les Anciens le 21 nivôse de la même année.
La principale disposition de cette loi transférait des tribunaux de district aux tribunaux de département le sceau
des lettres de ratification.

A la séance du 19 ventôse an IV (1), aux Anciens,
une résolution fut adoptée, prorogeant « jusqu'au 1er mes-
« sidor le délai fixé au 1er germinal pour l'établissement
« du régime hypothécaire. »

SECTION III

Loi de brumaire

§ 1. — Pendant ce temps, la loi de messidor était sou-

1. *Moniteur* de l'an IV, p. 695.

mise à un examen nouveau ; la commission chargée de ce travail proposa purement et simplement de rapporter la loi.

La discussion s'ouvrit aux Cinq-Cents, sur cette prosition, le 2 prairial an IV (1) par un discours de Thibaut, qui reprit à son commencement l'historique de la publicité, montra les Grecs évitant par elle la fraude et le stellionat « sur lesquels la bonne foi avait si souvent versé des larmes », et expliqua dans un langage violent les motifs de l'affection que certains, en 1673, ressentaient pour la clandestinité : « Il est probable, ajouta-t-il, que c'est cette affection qui se renouvelle qui a fait fondre sur le Code hypothécaire cette nuée de vautours auxquels vous n'avez ôté que la robe et le nom. »

Daubermesnil (2), séparant avec grand'raison la publicité et les cédules, demanda le maintien de l'une et le rejet des autres. Le Conseil des Cinq-Cents, après avoir constaté que sa commission avait dépassé le but qu'elle devait se proposer, nomma une seconde commission pour étudier à nouveau les améliorations dont la loi de messidor était susceptible.

Comme cette commission ne pouvait avoir terminé ses travaux pour le 1er messidor, Réal fit voter aux Cinq-Cents, à la séance du 14 prairial (3), la résolution suivante :

« Le terme du 1er messidor, indiqué par la loi du 19

1. *Moniteur* de l'an IV, pages 987 et 988.
2.   id.   page 990.
3. *Moniteur* de l'an IV, p. 1031.

« ventôse an IV, relative au Code hypothécaire, est pro-
« rogé au 1er fructidor prochain. »

Le 24 thermidor (1), le Conseil des Anciens décide
qu'il y a lieu de proroger jusqu'au 1er brumaire an V ;
enfin le 28 vendémiaire an V (2), aux Cinq-Cents, Réal
fait reculer à une époque indéterminée ce terme du 1er
brumaire an V : « Le terme du 1er brumaire an V, indi-
« qué par la loi du 24 thermidor dernier, concernant le
« Code hypothécaire, est prorogé jusqu'à la publication de
« la loi qui statuera définitivement sur les modifications
« dont celle du 9 messidor an III est susceptible. » Cette
décision était adoptée le même jour par le Conseil des
Anciens (3).

§ 2. — La commisison ayant enfin terminé ses travaux,
Réal lut son rapport, le 11 nivôse an V, à la séance des
Cinq-Cents. « La publicité, était-il dit dans ce rapport, est le
« principe fondamental du Code. Le principe de la publi-
« cité des hypothèques exclut aussi l'hypothèque tacite ou
« légale. Ces sortes d'hypothèques indépendantes de tout
« acte public présentent des inconvénients graves ; elles
« affectent les biens d'une manière presque invisible. C'est
« un piège tendu au créancier de bonne foi qui, ignorant
« leur existence, se trouve par un effet rétroactif et meur-
« trier privé de son remboursement. »

Prenant ensuite la parole, Réal établit qu'il n'y avait

1. *Moniteur* de l'an IV, p. 1330.
2. *Moniteur* de l'an V, p. 127.
3.   id.   p. 136.

aucun rapport nécessaire entre le système hypothécaire et les cédules; il se résuma en posant la question suivante : Le régime hypothécaire aura-t-il pour base la publicité ? question que Woussen vint résoudre en ces termes : « n'avoir pas de régime hypothécaire ou permettre sa « clandestinité, c'est une seule et même chose. »

§ 3. — La discussion traîna en longueur, pendant l'an V, malgré les observations de Fressenel « qui ne savait « plus très bien sous quelle législation il vivait à cet « égard, » et ce n'est qu'à la séance du 3 germinal an VI, aux Cinq-Cents, que le rapport de Crassous vint reporter l'attention sur cette importante question du régime hypothécaire. Voici comment Crassous exposait la nécessité qu'il y avait de prendre pour base de tout le système le principe de la publicité : « une loi sage sur les hypothè- « ques, disait-il, peut réparer tous les maux que fait la « mauvaise foi. Les gens probes n'en auront rien à crain- « dre. Les registres n'apprendront rien à leurs prêteurs « que ce qu'ils n'auraient pas manqué eux-mêmes de leur « découvrir; les hommes astucieux, qui ne songent qu'à « décevoir et à sortir de l'abîme en y plongeant autrui, « seront déjoués par les inscriptions hypothécaires, et la « conscience du législateur aura la douce jouissance d'avoir « sauvé du piège une foule de bons citoyens. — Tout « régime hypothécaire doit donner la garantie la plus « ample des droits immobiliers ; toute atteinte qu'il n'au- « rait pas prévenue serait un vice radical. »

Après la lecture de ce rapport, le Conseil des Cinq-Cents adopta les quatre propositions suivantes :

1° Il y aura un régime hypothécaire uniforme pour toute la République.

2° Le régime aura pour base la publicité des hypothèques.

3° La publicité s'effectuera par l'inscription sur des registres.

4° L'hypothèque prendra rang par l'inscription, et seulement à la date de cette inscription.

§ 4. — Le 16 germinal an VI, Crassous faisait la lecture du Code hypothécaire ; la rédaction en était approuvée par le Conseil, et la résolution était définitivement adoptée par les Cinq-Cents.

Suivons donc au conseil des Anciens cette loi nouvellement votée.

Le 16 floréal (1), Lebrun, le futur consul, vient lire un rapport approuvant, au nom de la commission dont il est l'organe, la résolution votée par le Conseil des Cinq-Cents.

« Avec la publicité de l'hypothèque, dit Lebrun, le pro-
« priétaire qui emprunte, le capitaliste qui veut placer,
« traitent ensemble au grand jour ; l'un ne peut exagérer
« ses risques, ni l'autre la valeur de son gage ; le crédit
« manque à celui qui n'en mérite plus ; il est assuré pour
« celui qui a droit d'y prétendre ; le caractère national

1. *Moniteur de l'an* VI, p. 919.

— 143 —

« s'épure, la foi publique renaît, et la certitude de ne pou-
« voir être trompé rétablit, dans les relations sociales, la
« confiance et l'harmonie. »

La loi va être définitivement adoptée, quand Roger Du-
cos monte à la tribune : Le Conseil des Cinq-Cents a violé
la Constitution : celle-ci exige en effet que toutes les lois
soient délibérées trois fois, ce que n'a pas fait le Conseil
des Cinq-Cents ; il n'y a plus qu'à annuler ce qui a été
fait, et à tout recommencer.

Après une discussion qui dure plusieurs séances, le conseil des Anciens, le 3 messidor, an VI (1), déclare que
la Constitution annule la résolution relative au régime hypothécaire.

§ 5. — Retournons donc au conseil des Cinq-Cents.

Au nom d'une commission nouvelle, Jacqueminot lut son
rapport le 22 messidor (2). Après avoir établi, d'une manière générale, la nécessité de la publicité, il ajoutait :
« Les créances hypothécaires de tout genre, de toutes per-
« sonnes, doivent être soumises à l'inscription. Les droits
« de la nation, ceux des mineurs, des interdits, des absents,
« des épouses, doivent y être assujettis. »

« Le règlement de la publicité doit être absolu et géné-
« ral, ou il est inutile. Qu'on admette une exception, la
« certitude du gage est détruite, le principe moral de la
« publicité ne donne plus de résultat. Dispenser les fem-
« mes et les mineurs de l'inscription, ce serait violer la

1. *Moniteur de l'an* VI, p. 1107.
2. *Moniteur de l'an* VI, p. 1176.

« charte constitutionnelle qui veut que la loi soit la même
« pour tous. » L'inscription une fois prise durera pendant toute l'incapacité. L'hypothèque ne peut comprendre
les biens à venir sans violer la publicité : « Les biens à
« venir, le futur contingent, n'ont pas d'assiette. A cet
« égard, l'inscription est impossible. Une telle hypothèque
« serait évidemment clandestine. »

La discussion et le vote des articles des deux projets de
Jacqueminot (régime hypothécaire et expropriation forcée)
se continuèrent pendant quelques séances. Puis le projet
adopté par les Cinq Cents fut, le premier jour complé-
mentaire de l'an VI, porté au Conseil des Anciens.

On discuta pendant quatre séances ; enfin, le 11 brumaire an VII, le conseil ferma la discussion, et adopta
successivement les deux résolutions présentées (1).

§ 6. — *Loi du 11 brumaire an VII* (1er novembre 1798).

Cette loi établit la première d'une façon pratique un
système reposant sur le principe de la publicité ; elle fit de
toute la France un pays de nantissement, et « la fraude
« fut ainsi chassée de tous les repaires », comme dit
M. Mourlon.

D'abord en ce qui concerne les acquisitions de la propriété, l'article 26 est ainsi conçu :

« Les actes translatifs de biens et droits susceptibles
« d'hypothèque doivent être transcrits sur les registres du
« bureau de la conservation des hypothèques dans l'arron-

1. *Moniteur de l'an VII*, p. 185.

« dissement duquel les biens sont situés ; jusque là ils ne
« peuvent être opposés aux tiers qui auraient contracté
« avec le vendeur et qui se seraient conformés aux disposi-
« tions de la présente loi. »

Remarquons que la loi de brumaire n'exige la transcription ni pour les successions légitimes ou testamentaires, ni
pour les partages entre cohéritiers. Remarquons, de plus, la
différence qu'il y a entre cette loi et les coutumes de nantissement : le vest-devest est nécessaire pour transmettre la
propriété même entre les parties, tandis que sous la loi de
brumaire la publicité est requise seulement pour rendre
opposable aux tiers un contrat déjà créé entre les parties
par le seul consentement (1). Venons maintenant aux hypothèques.

Tout d'abord il n'y a plus de cédules.

En second lieu, la loi distingue des hypothèques légales,
résultant de la loi seule, des hypothèques judiciaires résultant des jugements, des hypothèques conventionnelles et
même des privilèges ; mais il faut insister sur ce point, que
vis-à-vis des tiers, toutes ces hypothèques n'existent que
par l'inscription. L'article 17 dispense, il est vrai, l'inscription de l'hypothèque légale de la désignation des immeubles ; mais cette inscription doit contenir le montant
des capitaux et des accessoires, et l'époque de l'exigibilité.
Les hypothèques légales des femmes et des mineurs (2)

---

1. Troplong. *Transcription hypothécaire,* page 45.
2. V. les articles 2, 11, 16 de la loi de Brumaire. Les absents ont (art.
21, nᵒ 2) une hypothèque légale sur les biens des administrateurs.

n'échappaient donc pas à la loi commune : elles étaient assujetties à la publicité.

De ces idées générales on tira les conséquences suivantes :

1° Le bénéfice de discussion fut enlevé au tiers détenteur ; c'était justice, puisque désormais ce tiers détenteur pouvait, en acquérant, s'assurer de l'état hypothécaire de l'immeuble.

2° L'hypothèque ne pouvait plus porter sur des biens à venir, parce qu'il fallait une désignation expresse, du moins en général, pour qu'il y eut publicité.

3° L'hypothèque judiciaire ne pouvait affecter que les immeubles possédés par le condamné, lors du jugement.

Un nouveau mode de purge était établi, qui remplaçait le système de 1771, et reposait sur la publicité des actes translatifs de propriété.

Afin de compléter le système hypothécaire nouveau, une seconde résolution fut votée le même jour, 11 brumaire an VII : elle posait les règles de l'expropriation forcée. Cette loi ne mérite pas, à beaucoup près, les mêmes éloges que la première ; elle est simple en apparence, mais insuffisante en réalité.

§ 7. — De longs et vifs débats suivirent l'adoption de ces deux lois. Il s'agissait de savoir si la publicité, si la conservation des hypothèques serait confiée aux soins d'une administration distincte, ou rattachée à la régie de l'enregistrement. Après de nombreuses séances consacrées à examiner ce sujet, c'est ce dernier parti qui fut adopté, le 21 ventôse an VII (1). D'après l'article 9, les conservateurs qui étaient en fonctions furent tenus de rester à leur poste, jusqu'à ce que l'on n'eût plus besoin de leurs services.

§ 8. — *Dispositions transitoires.* — Pour que les acquéreurs et les créanciers pussent conserver leurs droits pour l'avenir, il leur était donné (2) un délai de trois mois dans lequel les mutations et hypothèques antérieures devaient être les unes transcrites, les autres inscrites à leur date.

On reconnut bien vite que ce délai était trop court. Aussi le 14 pluviôse an VII (3), Pourret-Rocqueries faisait-il adopter par les Cinq Cents (4) une résolution prorogeant de deux mois le délai primitivement fixé.

Le 17 germinal an VII (5), intervint une nouvelle prorogation de deux mois.

Pour être complet, signalons deux prorogations toutes spéciales. L'une (loi du 19 frimaire an VIII) pour le département de Liamone (6) où la publication de la loi avait été insuffisante.

L'autre (Loi du 16 ventôse an IX), pour les émigrés seuls .

1. Séance des Anciens. Moniteur, p. 731.
2. Art. 37 et 47 de la loi de brumaire.
3. *Moniteur*, page 576.
4. Les Anciens approuvèrent deux jours plus tard.
5. *Moniteur*, page 823.
6. Liamone, *rivière de Corse* : ce département était formé de l'île d'Elbe et d'une partie de la Corse.

§ 9. — Quoi qu'il en soit, et une fois tous ces délais expirés, le régime de publicité, créé par la loi du **11** brumaire an VII, entra en vigueur et vécut pendant plusieurs années tel que nous venons de le présenter.

Fut-il bien ou mal accueilli par les populations?

Les affirmations les plus contraires se sont produites à ce sujet.

« Déjà », disait le tribunal d'Appel de Caen dans ses observations sur le projet de Code civil qui rétablissait la clandestinité, « déjà l'opinion publique se lève avec force « contre ce retour de l'hypothèque occulte, déjà on était « familiarisé avec cette marche simple des lois actuelles, et « la confiance était née de la sûreté des engagements. »

Quels sont ceux qu'on a entendus se plaindre de la loi de brumaire, demande de son côté le tribunal de Paris ; et il répond : « des emprunteurs fripons ! »

Nous verrons plus loin plusieurs opinions en sens inverse.

CHAPITRE VI

CODE CIVIL

Section I

§ 1. — La commission chargée de préparer un projet de Code civil rétablissait à peu près le régime hypothécaire tel qu'il avait été créé par l'édit de 1771. En d'autres termes, dans ce projet (du 24 thermidor an VIII), elle repoussait le principe de la publicité. Elle attaquait d'ailleurs fort vivement la loi de brumaire « toute fiscale », d'après elle (1).

D'où venait cette tendance rétrograde ? On peut en donner plusieurs raisons.

Plusieurs rédacteurs du Code civil étaient de vieux praticiens habitués à l'édit de 1771, dont, à la longue, ils avaient appris à se contenter.

D'autres avaient examiné la loi de brumaire : ils avaient trouvé son grave défaut. Nous l'avons dit plus haut, si l'expédient consistant à donner pour garantie aux incapa-

---

1. V. L'*exposé du système du Code civil*, fait par M. Portalis à la séance du Corps législatif du 3 frimaire an X (24 nov. 1801). Locré tome 1er page 306. — Quant au reproche de fiscalité, fait à la loi de brumaire, c'est exactement, répondit le tribunal de Lyon, comme si on supprimait les portes et fenêtres, parce qu'il y a des impôts dessus.

bles une hypothèque légale est fort discutable en soi, il est certain que, une fois admise l'existence de cette hypothèque légale, il faut en assurer l'efficacité. Pour cela, que faire, dans un système basé sur l'absolue publicité ? Evidemment s'arranger de telle sorte que toujours l'inscription soit prise au moment ou naît l'hypothèque. Et cela est très difficile, et la loi de brumaire ne l'avait point fait : les rédacteurs du projet de Code civil constataient que des femmes, des mineurs avaient été ruinés, faute d'inscription en temps utile.

Plusieurs autres enfin, considérant comme liées ensemble les deux lois votées le 11 brumaire an VII, reportaient sur la loi hypothécaire tous les reproches qu'on était en droit d'adresser au mode par trop expéditif d'expropriation forcée, organisé par la seconde des deux lois.

Et puis, il faut bien le dire, sans vouloir faire ici un procès de tendance aux rédacteurs du Code, une réaction se produisait, certaine, contre toutes les institutions qui avaient vu le jour pendant la grande tourmente révolutionnaire ; toujours revenait à l'esprit ce malencontreux régime des cédules, et l'on croyait (peut-être feignait-on de croire) que la publicité allait devenir la base et le point de départ d'un nouvel essai de mobilisation du sol.

§ 2. — Vingt-deux tribunaux d'appel adoptèrent le retour à la clandestinité. Les vieux parlementaires s'y trouvaient encore en majorité (1). Mais les tribunaux de Paris,

______

1. Laurent, tome 30, page 148.

Lyon, Bruxelles, Rouen, Caen, Douai, Grenoble, Poitiers se prononcèrent pour le maintien de la loi de brumaire. Le tribunal de Cassation vint encore renforcer cette imposante minorité.

Examinons les travaux qui accompagnèrent les décisions de ces tribunaux d'appel.

(A). — Comme on devait s'y attendre, le ~~parlement~~ *tribunal* de Bruxelles suivit les traditions du parlement de Flandre. Le 2 fructidor an IX, il se prononça pour la publicité et développa longuement son opinion en faisant un grand éloge de la loi de brumaire. « Il est vrai de dire, ajoutait-il (1), que, « dans le système du projet du Code Civil, les transactions « n'offrent aucune garantie certaine, puisque ce système « n'en offre point dans les immeubles, seule espèce de « biens qui soit propre à fixer la sécurité des contractants. « Il ne laisse donc que la confiance personnelle. » Puis, plus loin (1) : « Il ne s'agit que de la tenue de deux re- « gistres, dont l'un destiné à l'inscription des hypothèques, « et l'autre à la transcription des actes translatifs de pro- « priété. »

Le tribunal de Bruxelles rappelait que les pays du nord de la République avaient constamment existé « sous le régime « salutaire de la publicité des hypothèques. » Organe des réclamations universelles des habitants du ressort, il constatait que l'impression produite par cette partie du projet de Code était mauvaise et que les capitalistes commençaient à prêter sur gage mobilier.

1. *Observations sur le projet de Code civil*, page 28.

Ce travail était accompagné d'une étude spéciale sur la question, œuvre très remarquable du citoyen Beyts, commissaire du gouvernement près le tribunal d'appel. En voici la conclusion : « Qui dit crédit, dit confiance ; qui
« établit la défiance établit le discrédit, point de milieu.
« Or la loi ouverte et franche du 11 brumaire an VII com-
« mande la confiance et la sécurité. Le système entortillé
« des trois titres du Code n'établit rien que de secret,
« d'obscur, d'incertain, de mystérieux ; il commande aux
« citoyens une juste défiance. »

« C'est au législateur à choisir. »

(B). — Le tribunal de Grenoble (1) commence ainsi :
« Nous présentons des observations générales qui ont
« pour objet de faire maintenir le principe de la publicité
« des hypothèques qui est la base de tout bon système
« hypothécaire. »

(C). — De même le tribunal de Paris : « Nous com-
« mençons par avouer que nous avons été peinés autant
« que surpris de voir les lois de brumaire, délibérées avec
« tant de maturité et d'éclat, céder la place à l'édit de
« 1771.

(D). — « Crédit signifie confiance, dit le tribunal de
« Douai. Or, la fera-t-on renaître en garantissant aux hom-
« mes de mauvaise foi tous les moyens d'en abuser, et ne
« laissant à la probité aucune défense contre la fraude ?
« Les stellionataires seront poursuivis c'est-à-dire que le

1. V. ses observations, page 41.

« créancier trompé aura la consolation de nourrir en
« prison son débiteur aussi longtemps qu'il le voudra. »

(E). — Poitiers : « La loi du 11 brumaire an VII est
« une des lois les plus sages et les plus utiles qui soient
« sorties de la Révolution. »

(F). — Rouen : « Les formes du projet sont lentes,
« obscures, compliquées ; celles de la loi de brumaire sont
« simples, lumineuses, rapides. »

§ 3. — Nous ne multiplierons pas ces citations, déjà trop
longues, quoiqu'elles soient, à notre sens, nécessaires pour
réfuter une opinion que nous retrouverons plusieurs fois
dans cette étude, à savoir que la loi de brumaire fut partout en horreur.

Cependant il nous faut mentionner tout spécialement la
façon de penser du tribunal de Lyon. Ce tribunal adhérait
bien au principe de la publicité, mais il eût préféré fort
probablement une solution toute différente. On eût dit qu'il
prévoyait les difficultés qui allaient surgir et ne sont point
tranchées encore, lorsqu'il écrivait : « Peut-être l'hypothè-
« que est-elle une de ces institutions essentiellement vicieuses
« qu'il est impossible d'améliorer et qu'il faut extirper ab-
« solument.... chaque créancier a au moins ainsi sa por-
« tion proportionnelle dans le prix des immeubles de son
« débiteur.... on est affligé que des préjugés enracinés
« empêchent de proposer ce système. »

Section II

§ I. — C'est dans ces conditions que la clandestinité se présenta au Conseil d'Etat.

Trois partis s'offraient à la section de législation :

Elle pouvait adopter le système du droit Romain pur ; celui de 1771, c'est-à-dire le précédent avec la purge spéciale des lettres de ratification ; ou enfin celui de la loi de brumaire.

Huit membres délibéraient.

Quatre membres, à la tête desquels était M. Treilhard, votèrent pour la loi de brumaire.

Deux, MM. Tronchet et Bigot-Préameneu, votèrent pour le projet de la commission.

Les deux autres s'abstinrent : M. Portalis aurait préféré le pur droit romain, et M. Malleville n'était pas bien fixé (1).

On ajouta leurs voix aux précédentes, on dit qu'il y avait partage, et comme l'importance de la question exigeait que l'on s'entourât de tous les moyens propres à éclairer la discussion, on décida que les deux théories contraires seraient exposées au Conseil d'Etat par deux rapporteurs différents. M. Réal fut chargé de défendre la loi de brumaire, et M. Bigot-Préameneu dut faire valoir le projet de la commission.

1. Locré, tome 16, page 53.

Voilà donc deux camps bien distincts qui se forment et deux opinions bien arrêtées qui se trouvent en présence.

Du choc de ces idées opposées eût dû jaillir la lumière. En tous cas, il est bien clair que, devant cet antagonisme de deux systèmes absolument différents, il fallait choisir ou l'un, ou l'autre. C'est le contraire qui arriva.

§ 2. — La séance du 2 pluviôse, an XII (2 février 1804), s'ouvrit, sous la présidence du premier consul, par la lecture du rapport de M. Bigot-Préameneu (1). Le rapporteur avait à s'acquitter d'une tâche bien lourde. Son travail, très étudié, souvent habile, contient pourtant des affirmations quelquefois peu exactes. M. Bigot ne semble même pas soupçonner l'existence du crédit public (2) ; il fait de la publicité une mesure exclusivement fiscale, invoque l'autorité de Basnage que nous avons jadis réfuté sur ce point, critique l'inscription des hypothèques indéterminées, alors qu'elle a au moins pour effet de mettre les tiers en éveil, et conclut de là que le système de la publicité manque par sa base. « Ne devrait-on pas encore « être arrêté par la crainte de dépouiller les familles de « la faculté de garder le secret de leurs affaires (3) : ce « secret a été toujours regardé comme un des principaux « droits de la liberté (4) individuelle ! Doit-on sacrifier

1. V. ce rapport dans Locré, tome 16, p. 95 et s.

2. « On dirait un Romain du temps des XII Tables » : Laurent, t. 30, p. 149. Mourlon est beaucoup plus vif quand il parle d'imagination surrexcitée, d'hallucination, etc. (Transcription, t. 2, p. 486).

3. Locré, 16, p. 122.

4. « Voilà une liberté d'un nouveau genre, la liberté de tromper les « tiers ! » Laurent, t. 30, p. 149.

« le droit général à la crainte qu'inspirent les gens de
« mauvaise foi ? »

Certes, toute cette argumentation n'est pas sans répli-
que. Mais M. Bigot trouve ensuite un terrain infiniment
plus solide. Il montre les incapables laissés sans protection
par suite de la nécessité où ils sont d'inscrire leur hypothèque légale : c'est, nous le savons, le défaut qu'on a le
plus amèrement reproché à la loi de brumaire. Quant aux
pays de nantissement, ajoute-t-il, la publicité n'y est
qu'une mesure oppressive des seigneurs (1). De même, en
Prusse, « jamais régime plus oppressif ne fut inventé » ;
et la loi de brumaire elle-même a été unanimement détes-
tée en France.

M. Bigot-Préameneu concluait ainsi : « Le nouveau
« système de publicité ne procure ni la connaissance de
« la fortune du débiteur, ni la sûreté du prêteur, ni la
« plénitude du crédit de l'emprunteur ; ce système ne
« préserve point des lenteurs et des frais de discussion ;
« les hypothèques légales établies par des considérations
« d'ordre public ne doivent pas dépendre d'une simple
« formalité ; l'on doit, à cet égard, préférer un régime
« hypothécaire qui maintient tous les droits de propriété,

1. Or, un placard de Charles-Quint du 10 février 1538, porte déjà que
le nantissement a pour but « de prévenir les fraudes et le stellionat ! » Un
autre placard de l'archiduc d'Autriche, du 16 septembre 1673, dit que la
publicité existe pour que « les personnes tierces » ne souffrent pas de préjudice. On peut ajouter : l'assertion du rapporteur est inexacte pour cet
autre motif que la nécessité de l'ensaisinement fut étendue aux alleux
eux-mêmes, principalement dans le Hainaut.

« et sous lequel la France s'était pendant un grand nom-
« bre de siècles, élevée au plus haut degré de pros-
« périté. »

Donc, pour M. Bigot, le régime hypothécaire par excellence, celui qu'il présentait comme engendrant la prospérité et maintenant tous les droits des propriétaires, c'était
le régime de la clandestinité absolue.

Treilhard lui répondit aussitôt : après avoir présenté à
nouveau l'historique de la publicité et conclu qu'elle était
préférable « pour les hommes de bonne foi », il réfuta les
objections du rapport précédent ; mais il s'embarrassa
(c'était presque fatal) dans la conciliation de la publicité et
de l'hypothèque légale. Le consul Cambacérès, en faisant
ressortir ce dernier point, s'attacha à démontrer que si
l'hypothèque des incapables découlait de l'inscription, ces
incapables ne seraient pas protégés. D'ailleurs, forcer à
effectuer cette inscription ceux qui concourent à la nomination du tuteur, ou à la confection du contrat de mariage
n'était pas, d'après lui, « digne d'une nation civilisée. »
C'était écarter, d'un coup, la seule solution susceptible de
concilier les deux principes de l'hypothèque légale et de la
publicité, quand on veut les faire coexister, et nous verrons que des nations très « civilisées » ont eu recours à
ce moyen.

Mentionnons pour mémoire le rapport assez terne que
Réal vint lire au Conseil en faveur de la loi de brumaire et
arrivons à deux discours qui rompent la monotonie d'une
délibération aussi grave.

On est étonné d'entendre M. Tronchet prononcer des phrases comme celle-ci : « Le système de la loi de bru- « maire n'est qu'une invention fiscale..... On a prétendu « que Colbert avait assigné pour cause du rejet de l'édit de « 1673 l'intérêt des grands d'alors : il est assez naturel « qu'un ministre dont le projet est repoussé se venge par « des injures..... Dans la vente, la transcription est su- « perflue. »

Le discours de M. Portalis est bien préférable. Séduit peut-être par le travail aussi remarquable que négatif de la Cour de Lyon, il s'exprima à peu près dans ces termes :

« Je proposerais bien de repousser également et le sys- « tème de la loi de brumaire et celui de la commission ; mais « le Conseil n'adopterait pas mon opinion, que voici : Les « hommes qui traitent entre eux se connaissent ; laissez-les « donc s'arranger à leur guise ; laissez chacun veiller à son « propre intérêt ; ne vous mêlez pas de leurs affaires en « organisant vos hypothèques ! Comme ce système ne trou- « verait pas de partisans dans le Conseil, il faut choisir « entre les deux autres ; entre deux maux je choisis le « moindre ; je vote pour le maintien de la loi de brumaire, « pourvu qu'on ne l'étende pas aux engagements qui « naissent du mariage et de la tutelle. »

Tout le système du Code civil est dans ces derniers mots. On peut entrevoir déjà la transaction qui allait in- tervenir.

§ 3. — Bonaparte résuma tout ce débat, développa les deux principes en conflit, admit que depuis l'an VII le principe de la publicité était acquis à la législation française, et qu'il ne s'agissait plus de revenir là dessus. « Pour que « le Code, dit-il, porte une profonde impression de justice « civile, il est nécessaire de concilier ces différents sys- « tèmes. » Ces paroles étaient peut-être une erreur, mais le premier Consul avait été frappé de tout ce que l'on avait dit de l'insécurité que la publicité de l'inscription répan- drait sur les créances des femmes et des mineurs : « Il ne faut pas, ajoutait-il, acheter au prix d'une injustice l'a- vantage de simplifier la loi » ; et il prononçait ces mémo- rables paroles, si souvent répétées : « Depuis que j'entends « discuter le Code civil, je me suis souvent aperçu que la « trop grande simplicité dans la législation est l'ennemie de la « propriété ; on ne peut rendre les lois extrêmement « simples sans couper le nœud plutôt que de le délier, et « sans livrer beaucoup de choses à l'incertitude de l'arbi- « traire. »

§ 4. — La discussion générale se termina à la séance du 19 pluviôse an XII (9 février 1804), par l'adoption des principes fondamentaux suivants :

1° Toute hypothèque sera publique (1).

2° La sûreté de la femme et des mineurs doit être pré- férée à celle des acquéreurs et des prêteurs (2) ; autrement dit, les incapables ne souffriront pas du défaut d'inscription de leur hypothèque légale.

---

1. L'inscription au bureau des hypothèques de la situation des biens est de rigueur.

2. Locré, 16, p. 218.

§ 5. — A la séance du 3 ventôse an XII (1), Treilhard présenta un nouveau projet rédigé d'après ces données nouvelles. Discuté pendant cinq séances, communiqué officieusement à la section de législation du Tribunat (2), revenu sans grandes modifications devant le Conseil d'Etat, ce projet fut définitivement adopté par celui-ci le 22 ventôse. Le 24, MM. Treilhard (3), Jollivet et Lacuée le portèrent au Corps législatif qui, le 25, faisait au Tribunat la communication officielle. Le 26, le Tribunat votait le projet ; le 29, trois tribuns (4) le portaient au Corps législatif, et, le même jour, le code hypothécaire était voté à l'unanimité, moins deux voix.

Il n'est pas inutile de remarquer avec M.' Tarrible que « toutes les discussions qui ont préparé le nouveau régime « hypothécaire ont principalement eu pour but de peindre « et de réprimer les abus des hypothèques occultes » (5).

Le système créé par le Code civil est évidemment mixte : il consacre à la fois la publicité et le secret ; au milieu des hypothèques publiques, il laisse subsister certaines hypothèques occultes frappant à la fois tous les immeubles des maris et des tuteurs. La publicité n'est donc plus complète, notre principe est gravement atteint.

1. 23 février 1804.
2. D'après l'arrêté du 18 germinal an X.
3. M. Treilhard exposa les motifs.
4. M. Grenier exposa les motifs.
5. Merlin, *Répertoire*, au mot *réforme hypothécaire*.

Section III

§ 1. — Il est impossible de se rendre compte des attaques passionnées dont ce système hypothécaire fut l'objet pendant le demi siècle qui suivit la promulgation du Code, sans exposer en quelques mots les vices qui lui furent reprochés.

Nous examinerons surtout deux questions : la clandestinité des mutations immobilières et celle des hypothèques légales.

Le prêteur, d'une manière générale, n'est garanti que s'il peut connaitre : 1° la nature du lien qui unit l'emprunteur à l'immeuble ; 2° tout ce qui peut diminuer la valeur de l'immeuble ; 3° le montant des obligations dont le fonds est déjà grevé.

Voyons si le Code civil réalise ces garanties.

§ 2. — *Clandestinité des mutations immobilières.*

Lors de la rédaction des articles 1140 et 1583, on réserva la question de savoir si l'on soumettrait à la publicité les aliénations à titre onéreux (1). Il y avait en effet de graves dissentiments à ce sujet, parmi les rédacteurs du

---

1. Pour les donations d'immeubles le Code avait reproduit la nécessité de l'ancienne insinuation (ordonnance de 1731) ; il en était de même pour les substitutions (ordonnance de 1747). Ainsi tantôt le législateur admet la publicité, tantôt il la rejette, « sans qu'on puisse, dit M. Laurent, donner « une ombre de raison de cette incohérence » (Tome 29, page 10).

Code. Les uns faisaient ressortir tous les avantages de la transcription ; les autres s'effrayaient à la pensée des périls que courrait l'acheteur imprévoyant qui ne transcrirait pas.

Au titre des hypothèques, il fallut enfin prendre une décision. L'article 91 du projet était ainsi conçu : « Les « actes translatifs de propriété qui n'ont pas été transcrits « ne peuvent pas être opposés aux tiers qui auraient con- « tracté avec le vendeur et qui se seraient conformés aux « dispositions de la présente. »

A la séance du 10 ventôse an XII (1er mars 1804), cet article vint en discussion. M. Malleville demanda si, dans le cas de deux ventes successives, la première non transcrite et la seconde transcrite, cette dernière vaudrait contre la première. M. Treilhard répondit affirmativement, et M. Tronchet vint combattre la nécessité de la transcription au nom du « droit sacré de propriété », avec l'âpreté de formes qu'il avait déjà employée dans ses attaques contre la publicité des hypothèques.

De son côté, le consul Cambacérès obscurcit la question : il fit observer que cet article 91 ne spécifiait pas que le vendeur devait être propriétaire, qu'il ne s'agissait pas, en somme, de purger la propriété, mais bien de déterminer, parmi plusieurs acheteurs successifs, celui qui pourrait réellement se prévaloir de son contrat. En conséquence le conseil renvoya à la section l'article 91, pour être modifié dans ce sens, quant à sa rédaction, et adopta en principe que « la transcription du contrat ne transférait pas à l'a-

« cheteur la propriété lorsque le vendeur n'était pas propriétaire. »

La séance fut levée sur ces entrefaites, et l'on ne parla
jamais plus de la transcription.

M. Troplong croit que l'on se trouve ici en présence
d'un malentendu, peut-être d'un escamotage. — « L'une
« des plus grandes questions du régime hypothécaire, »
disait dans son rapport, en 1855, M. Adolphe de Belleyme,
« fut emportée à la faveur d'une omission non motivée,
« peut-être par suite d'un malentendu. »

Il est plus probable que la section de législation oublia
de faire un rapport : Treilhard, on le sait, « ne brillait pas
« par l'exactitude. »

Sans la publicité des actes translatifs de propriété immobilière, nous l'avons dit plusieurs fois, la publicité des hypothèques est absolument illusoire : « C'est un leurre, dit
« M. Laurent, ce n'est plus une garantie. » Et cependant tel était le Code civil. C'était un régime de publicité
bâtard.

Aussi plusieurs jurisconsultes, ne pouvant se résoudre à
revoir le Code admettre la publicité des hypothèques et
rejeter la publicité des mutations de la propriété, cherchè-
rent à démontrer que la transcription était encore nécessaire sous l'empire de la loi nouvelle (1). Mais la jurisprudence se refusa toujours à consacrer cette doctrine.

1. En ce sens, M. Jourdan, *Thémis*, tome 5, p. 373 ; M. Comte : Sirey,
12, p. 217 ; de même MM. Hureaux, Valette, Bonjean, Mourlon.

§ 3. — *Clandestinité de l'hypothèque légale.*

Une seconde critique fut élevée, qui suscita d'interminables controverses ; car le système du Code civil en ce point, s'il est vigoureusement attaqué par les uns, n'en est pas moins vigoureusement défendu par les autres : je veux parler de l'exception faite à notre principe général de publicité en faveur des incapables, dispensés d'inscrire leur hypothèque légale ; en sorte que si le tiers acquéreur peut bien, par la purge, faire apparaître cette hypothèque (1), il est impossible que celui qui va prêter sache quelle valeur a pour lui la sûreté immobilière qu'on lui offre. On peut admettre, en effet, que les tiers sachent en général que leur débiteur est mari ou tuteur, et comme tel grevé de l'hypothèque légale ; mais comment sauront-ils qu'il l'a été jadis, en remontant très loin dans le passé ? Comment sauront-ils surtout que les auteurs de leur débiteur furent des maris ou des tuteurs ? Car, sous l'empire du Code, l'hypothèque légale continuait à vivre, même après la cessation de l'incapacité qui l'avait motivée (2).

La femme mariée, d'autre part, est-elle bien garantie par cette hypothèque légale ? C'est assez peu probable, car les cessions et subrogations de l'hypothèque légale sont devenues de style, et d'une main la loi démolit un peu l'édi-

1. Au moins depuis l'avis du Conseil d'Etat de juin 1807.
2. Voyez en ce sens un avis du Conseil d'Etat du 8 mai 1812.

fice protecteur qu'elle bâtit de l'autre. Souvent aussi la femme non dotale s'engage conjointement au mari. D'ailleurs la purge de l'hypothèque légale laisse bien désarmés et la femme et le mineur (1).

§ 4. — Quelques dispositions suivirent la promulgation du Code civil, qui touchent d'assez prêt à notre principe.

Signalons, dans le sens de la publicité, un avis du Conseil d'Etat du 7 floréal an XIII (27 avril 1805), portant que le trésor public, faute d'inscription, perd sur les biens des comptables ses droits hypothécaires, et notamment son droit de suite.

En sens inverse, il faut également citer une circulaire du grand juge du 15 septembre 1806, par laquelle les magistrats sont invités à ne faire inscrire d'office l'hypothèque légale des incapables qu'avec la plus grande circonspection. En termes plus clairs, le magistrat reçoit l'ordre de s'abstenir.

§ 5. — En résumé, suivant beaucoup d'auteurs, des

1. Quelques détails accessoires sur le système du Code civil : l'hypothèque judiciaire était maintenue ; mais si elle était générale, au moins devait-elle être rendue publique pour valoir contre les tiers. Nous n'avons rien à ajouter sur ce point, car il ne rentre pas dans le cadre de ce travail d'attaquer ou de défendre le principe même de l'hypothèque judiciaire. Mentionnons un inconvénient grave : j'achète, je purge, je paie, et voici qu'un vendeur non payé agit par l'action résolutoire, fait tomber ainsi une vente antérieure, et m'évince !

Notons, pour finir, un cas où une hypothèque peut être publique avant une autre, et cependant ne la primera pas : c'est le cas de deux hypothèques prises dans la même journée.

éléments hétérogènes s'introduisirent dans le Code civil ;
ce fut le résultat de la lutte que nous avons racontée, et
dont il ne sortit que tourment pour les commentateurs et
procès pour les justiciables. Ajoutons que si le moment
était favorable pour promulguer certaines de nos lois civiles, il était, en 1804, assez difficile de se rendre un compte
exact du rôle qu'un système hypothécaire était appelé à
jouer dans une société alors en pleine transformation. Le
développement du commerce et de l'industrie, l'immense
accroissement de la richesse mobilière, pouvaient à peine
se deviner, et M. Troplong lui-même, qui s'est fait dans
son Traité des hypothèques le défenseur du système hypo-
caire du code en général et de l'hypothèque légale en particulier, écrivait en 1833 : « Le Code civil devait, sous
« certains rapports, entrer plus franchement dans les voies
« salutaires de la publicité. » Telle sera notre conclusion.

CHAPITRE VII

SECTION I

§ 1. — Pour raconter la campagne qui fut menée contre le Code civil à l'occasion de son régime hypothécaire, nous suivrons, autant que possible, l'ordre chronologique.

Les premiers commentateurs du Code civil se trouvèrent un peu gênés au milieu des règles qu'édictait le Code.

M. Duranton (1) disait à peu près ceci : Pour être logique, il faudrait transcrire toutes les mutations de droits réels ; or cela causerait dans le code une trop grande perturbation ; donc il ne faut rien transcrire du tout.

Au contraire, M. Grenier demandait qu'on rétablît la transcription.

§ 2. — Dès 1812, M. Hua (de Mantes), depuis conseiller à la Cour de cassation, publia un écrit « sur la nécessité de réformer la législation hypothécaire. »

Mais c'est surtout à partir de l'année 1824 qu'il se produisit dans le pays un fort courant d'opinions contre le régime hypothécaire du code, et cela à cause d'un incon-

---

1. Tome 19, page 21.

testable malaise de l'agriculture, et d'embarras considérables dans la situation des emprunteurs sur hypothèque.

Dans une série d'articles remarquables, publiés dans la
Thémis à l'occasion de l'apparition du traité de M. le
baron Grenier sur les hypothèques, M. Jourdan posait
nettement la question :

« La publicité, disait-il, n'est pas un but; c'est un
« moyen. La question doit être ainsi posée : sous tel ou
« tel régime, peut-on acheter, peut-on prêter avec sûreté?
« Les propriétaires jouissent-ils d'un crédit proportionnel
« à leurs véritables facultés? Toute loi qui ne satisfait pas
« à cette triple conséquence est vicieuse dans son es-
« sence (1). »

En 1827, alors qu'il n'était encore que simple député,
un homme d'État célèbre, Casimir Périer, appela sur ces
points les méditations des jurisconsultes.

Il proposa un prix de 3.000 francs (Casimir Périer était
banquier) à l'auteur du meilleur mémoire qui indiquerait
le moyen de porter remède aux graves inconvénients du
régime hypothécaire créé par le Code civil.

Parmi les travaux que cette initiative inspira, citons
une brochure de M. Decourdemanche (2) : intitulée
« *Du danger de prêter sur hypothèque* »; après avoir
exposé tous les vices et les dangers du régime hypothécaire du code, l'auteur ajoutait : « Il paraît étrange que

1. *Thémis*, tome 5, page 173.
2. Avocat à Paris.

« les lois hypothécaires prennent mille précautions pour
« rendre publiques les hypothèques spéciales, et qu'elles
« n'en prennent aucune pour publier cette foule d'actes
« qui, en modifiant la capacité des personnes, ne portent
« pas seulement atteinte à la propriété d'un immeuble
« spécial, mais encore à celle de tous les immeubles qu'un
« citoyen possède dans l'étendue du territoire français.

Dans cet ordre d'idées, M. Decourdemanche demandait une publicité effective des déclarations d'absence, des
adoptions, des hypothèques légales, des inventaires, des
partages. Il demandait, en outre, la suppression de l'hypothèque judiciaire et la transmission des hypothèques par
voie d'endossement. Le stellionat (art. 151 de son projet)
aurait d'ailleurs été punissable comme l'escroquerie (art.
405, Code pénal).

Quoi qu'on puisse penser de ces réformes, il est certain
que M. Decourdemanche faisait, dans son livre, un exposé
très remarquable des nombreux cas dans lesquels les tiers
peuvent être trompés.

Mais il appartenait à cette école, dite industrialiste ou
Saint-Simonienne, qui devait quelques années plus tard
tomber sous la double action du pouvoir judiciaire et du
ridicule.

Aussi M. Troplong écrit-il :

« Je ne compte pas cette petite secte qui affiche la haute
« prétention de reconstituer à neuf la famille, la propriété,
« le droit de succession, toutes les relations de la vie
« sociale, et qui a proclamé sur le régime hypothécaire

« des conceptions qui peuvent marcher de pair avec ce
« qu'on trouve de plus extraordinaire dans le corps de ses
« doctrines. »

Nous ne pouvons souscrire à cette critique dédaigneuse
et par trop aisée ; nous préférons dire plus simplement
avec M. de Vatimesnil : « Il a été publié un livre intitulé : « du danger de prêter sur hypothèque, et ce livre
« n'a pas trouvé de réfutation. »

Le 5 février 1829, M. Casimir Périer écrivait une lettre
aux journaux, dans laquelle il signalait le travail de
M. Decourdemanche à l'attention des publicistes et des
jurisconsultes. Il ajoutait : « Depuis longtemps tous ceux
« qui s'intéressent à la prospérité sociale s'affligent d'en
« voir le développement entravé par les vices de notre sys-
« tème hypothécaire... »

Ainsi, comme dit M. Troplong, le régime hypothécaire
du Code était condamné de haut.

§ 3. — Les conseils généraux dans un grand nombre
de départements, et surtout depuis 1830, formulèrent des
vœux tendant à provoquer une réforme sur ce point.

Le pouvoir législatif, de son côté, ne restait pas étranger à ce mouvement.

A la séance du samedi 16 avril 1836 (V. le *Moniteur*
du 17), M. Lavielle rendait compte, en insistant surtout
sur le besoin de publicité, d'une pétition par laquelle « le
« sieur Merger, avocat à Bar-sur-Aube, et le sieur Mon-

« galvy (1), auteur de plusieurs ouvrages de droit, deman-
« daient que le système hypothécaire fût amélioré. »
M. Mongalvy avait joint à cette pétition un remarquable
mémoire. M. Dupin quitta le fauteuil de la présidence et
monta à la tribune : « Il y a, dit-il, un contre-sens dans
« la législation ; la loi des hypothèques, qui devait être
« faite pour assurer les créances, ne laisse pas les créan-
« ciers sans inquiétude pour leur conservation. On semble
« tout avoir imaginé contre le créancier pour qu'il ne tou-
« che pas son argent à l'échéance » (2).

De même, en 1838, lors de la loi sur les aliénés, le
législateur n'accordait d'hypothèque légale à l'aliéné que
du jour de l'inscription (art. 34).

§ 4. — Et ce n'étaient pas seulement les jurisconsultes,
qui, au nom du droit pur, condamnaient le système hypothécaire du Code.

Ecoutons un praticien. Dans un livre bien souvent cité,
qu'il fit paraître en 1841 (3), M. Loreau, directeur des
domaines, s'exprimait ainsi :

« L'hypothèque légale n'a pas eu l'efficacité qu'on
« s'en promettait ; elle ne met pas la fortune des femmes
« à l'abri des atteintes que le législateur a voulu prévenir.
« Son principal effet est d'entraver la circulation des ca-

1. V. la brochure de M. Mongalvy « sur les moyens de mettre à l'abri
« de tout recours les acquéreurs d'immeubles (1834). »

2. C'est le même Dupin qui disait à la Cour de cassation : « Celui qui
« achète n'est pas sûr d'être propriétaire ; celui qui paie, de n'être pas
« obligé de payer une seconde fois, et celui qui prête d'être remboursé. »

3. « Du crédit foncier et du moyen de le fonder. »

« pitaux... mieux vaudrait que la femme n'eût pas d'hy-
« pothèque légale, s'il n'y avait pas moyen d'améliorer
« cette partie de la législation. Au reste, il n'y a rien
« de plus concluant que les faits : presque toutes les
« femmes sont dotées, presque toutes ont part à des suc-
« cessions, et rarement, malgré l'hypothèque légale, la
« fortune de la femme échappe au naufrage de la fortune
« du mari (1). »

M. Loreau se prononçait pour l'ouverture de registres
devant contenir l'état civil des immeubles ; dans ces registres les hypothèques n'étaient plus prises comme actuellement, sur le débiteur, mais bien sur les immeubles eux-
mêmes. Dans ce système, le cadastre jouait le principal
rôle, et cette théorie, très spécieuse, était conforme aux
idées mises en pratique par les Allemands et les Hollandais.

Et en 1850, un notaire, M. Heyraud, proposait la
réunion dans un même bureau, par canton, de l'enregistrement, des hypothèques et du cadastre.

Section II

Enquête de 1841.

§ 1. — Le régime hypothécaire n'avait pas traversé
sans péril, ni pour lui, ni pour les justiciables, une existence de près de quarante années.

1. Pages 191, 193, 194.

En 1841, M. Martin (du Nord), alors garde des sceaux, appela, par une circulaire en date du 7 mai, l'attention des cours et des facultés de droit sur le régime hypothécaire. « Le principe de la publicité des hypothèques, « disait la circulaire, n'est admis par le Code civil qu'avec « quelques restrictions : la protection due aux mineurs « et aux femmes mariées a fait fléchir la règle générale. « Ces exceptions atténuent singulièrement les effets salu « taires du principe, et diminuent d'une matière notable « la sûreté des transactions. Devra-t-on cependant les « maintenir ? etc.... »

Les cours et facultés exposèrent leurs vœux de réforme dans des travaux qui furent réunis et publiés.

En général elles adoptèrent, du moins en principe, le système du Code Napoléon, mais en apportant des modifications importantes dans le sens de la publicité.

§ 2. — Hypothèques légales.

A. — La Cour de cassation, après avoir décidé que les incapables ne seraient point, faute d'inscription, privés du bénéfice de leur hypothèque légale, demandait la création de registres où certains fonctionnaires, qu'elle déterminait, devaient constater tous les actes engendrant hypothèque légale (1).

La Cour de Montpellier adoptait les mêmes idées (2), et chargeait de l'inscription les notaires, les greffiers des

1. Voyez Documents, tome II, p. 133 et suiv.
2.   id.   p. 289 et suiv.

justices de paix, et même les receveurs de l'enregistrement.

En ce sens, les facultés de Caen, Dijon, Rennes (pour
partie), Strasbourg; les cours d'Aix, Amiens, Angers,
Colmar, Douai, Grenoble, Limoges. Metz, Nancy, Orléans,
Paris, Pau, Poitiers, Rennes, Rouen, Toulouse.

B. — La faculté de Grenoble, les cours de Bastia, Dijon,
Nîmes et Riom, demandèrent le retour à la loi de brumaire, mais en y adjoignant des mesures capables d'assurer l'inscription.

C. — La faculté de Paris, suivie en cela par celle de
Lyon, se montra plus hardie. D'après le projet qu'elle
adopta, sur le rapport de M. Valette, toute hypothèque
devait être publique, et les incapables seraient désormais
protégés par des garanties personnelles ou réelles à déterminer avant le commencement de l'incapacité. Ce système, de MM. Valette et Wolowski, était également celui
d'un publiciste dont le nom est resté célèbre (1).

§ 3. — *Transcription.*

La nécessité du rétablissement de la transcription fut
presque unanimement reconnue.

Il ne s'agissait point, en effet, « de découronner notre
« code civil de cette philosophie spiritualiste qui le place
« si haut au dessus des œuvres de la codification mo-
« derne » ; la Cour de Bordeaux, en parlant ainsi, se

1. M. Odilon Barrot.

trompait bien certainement, car, en édictant les articles 939, 1069 et 1070, le Code civil s'était « découronné » lui-même.

La Cour de Toulouse seule se joignit à la Cour de Bordeaux pour demander le maintien de la clandestinité.

Toutes les autres cours, toutes les facultés de droit demandèrent la publicité des aliénations d'immeubles.

La faculté de Paris demandait la transcription de toutes les mutations de propriété immobilière, quelles qu'elles fussent (1) et de tous les droits affectant cette propriété.

Les idées, on le voit, avaient fait bien du chemin, depuis M. Bigot de Préameneu et les quelques conseillers qui « réchauffèrent les prédilections du chancelier d'Aguesseau pour l'hypothèque occulte. »

§ 4. — Après que les travaux des cours et des facultés eurent été centralisés au ministère de la justice, on forma sept sous-commissions pour les examiner. Puis les présidents de ces sept sous-commissions se réunirent le 26 décembre 1847 et rédigèrent un projet de loi et un rapport général. Ce travail fut complètement terminé le 7 février 1848. Les réformes étaient restreintes : vingt et un articles du Code civil étaient seuls modifiés.

Section III

§ 1. — La révolution de février 1848 précipita les évè-

1. Ventes, donations, testaments, institutions contractuelles, acceptation de successions, transactions, acquiescement, partages, adjudications.

nements. La réforme qui se préparait fort lentement fut reprise sur des bases plus radicales.

Nous trouvons au *Moniteur* de 1848 (1) une proposition faite le 18 mai dans le but de créer une banque hypothécaire.

De même, le 23 juin (2), nous rencontrons une proposition « du citoyen Wolowski », sur l'organisation du crédit territorial.

Le 21 mai, M. Valette déposait un rapport sur la proposition de M. Considérant relative à l'inscription des hypothèques légales et judiciaires. Une semaine plus tard, l'Assemblée constituante se séparait.

§ 2. — Le 15 juin 1849, un décret présidentiel institua une commission extraparlementaire nouvelle. Le projet de cette commission fut accompagné d'un travail de M. Persil.

Ce projet, par décret du 27 décembre 1849, fut livré à l'examen du Conseil d'État, qui en délibéra une première fois ; puis, sans attendre que le Conseil d'État se fût prononcé dans une seconde délibération, le 4 avril 1850, le gouvernement présentait à l'Assemblée législative un projet de loi sur les hypothèques.

« La publicité, dit le ministre de la justice (3) dans « l'exposé des motifs, sera la base de l'hypothèque ; désor- « mais les privilèges sur les immeubles, les hypothèques

1. Page 1090.
2. Page 1480.
3. M. Rouher.

« sans aucune exception devront être inscrits pour être
« efficaces. »

Ce projet fut renvoyé à une commission parlementaire
qui s'occupait déjà de la réforme hypothécaire.

§ 3. — Car l'Assemblée législative avait pris les de-
vants.

Une année auparavant, M. Pougeard avait présenté un
projet de loi destiné à prendre, dans le Code civil, la place
du titre des hypothèques. Dans l'article 57 de ce projet,
M. Pougeard demandait la publicité pour toutes les mutations quelconques.

L'Assemblée avait renvoyé l'examen de ce projet à une
commission de trente membres parmi lesquels nous remarquons MM. Gaslonde, de Vatimesnil, Pougeard, Demante,
Flandin, Charlemagne, Wolowski; dans le troisième bureau, M. Valette remplaça le général d'Hautpoul devenu
ministre de la guerre.

Cette commission parlementaire, nommée le 30 juin
1849, choisit pour président M. Demante, et pour son
rapporteur un jurisconsulte éminent, M. de Vatimesnil.

Le 25 avril 1850, celui-ci déposa son rapport sur le bureau de l'Assemblée. Après avoir montré que la réforme
hypothécaire devait procéder la réforme du crédit foncier
et le vote sur le projet de M. Wolowski, le rapporteur
disait :

« Le système hypothécaire du Code civil a été soumis à
« une expérience de près d'un demi-siècle, et il est main-

« tenant jugé. Il faut en revenir à la publicité complète et
« absolue. » La question de la protection des incapables
était résolue ainsi :

« Au lieu de laisser les mineurs et les femmes mariées
« dans cette situation précaire et douteuse où leurs droits
« sont livrés à des chances qui échappent à tout calcul,
« ne vaut-il pas mieux créer un nouveau système dans le-
« quel l'hypothèque légale n'aura de rang et de force que
« lorsqu'elle sera inscrite, mais où en même temps le lé-
« gislateur pourvoira d'une manière sérieuse à ce que l'ins-
« cription soit prise ? »

Tout le système est dans ces lignes. Les notaires, pour
les femmes mariées, les greffiers du juge de paix, pour les
mineurs, étaient chargés de prendre l'inscription.

Parmi les autres innovations ou modifications proposées,
citons la suppression de l'hypothèque judiciaire et de l'action résolutoire. Notons de même le rétablissement de la
transcription, mais seulement pour les actes entre vifs
(art. 2152 du projet de la commission) (1).

§ 4. — M. Wolowski avait également soumis à la
commission tout un plan d'organisation du Crédit foncier :
ce plan avait été antérieurement exposé en détail dans
la Revue qu'il dirigeait.

En présence de l'immense accroissement des valeurs
mobilières, M. Wolowski demandait non plus l'inscription

---

1. Voyez l'étude critique de M. Wolowski sur le rapport de M. de
Vatimesnil, *Revue Wolowski*, année 1850, tome 3.

obligatoire de l'hypothèque légale, mais bien la suppression de cette hypothèque et l'introduction de garanties nouvelles en faveur des incapables. Comme M. Loreau, il souhaitait qu'on établît un état civil des immeubles qui, étant donné le morcellement infini de la propriété en France, nous semble, sinon impraticable, du moins très difficile à organiser.

En somme, un système de crédit foncier était basé sur cette révision du régime hypothécaire.

Nous laisserons toujours de côté ce qui est relatif au crédit foncier, car nous pensons que régime hypothécaire et crédit foncier sont deux choses essentiellement différentes, distinctes (1).

§ 5. — Pendant ce temps, le Conseil d'Etat était toujours saisi du projet qu'on lui avait envoyé ; il procéda à une seconde lecture et adopta, le 9 juillet 1850, un projet de loi que M. Bethmont fut chargé de justifier : « Après « de longues hésitations, et à une très faible majorité, le « Conseil repousse, comme périlleuse pour les intérêts sa- « crés des mineurs, des interdits et des femmes, la néces- « sité de l'inscription de leur hypothèque légale » (2).

Le rapporteur s'efforce ensuite de justifier cette solution, contraire à celle admise par le gouvernement dans le projet présenté par lui à l'Assemblée législative :

« La paix des famille constitue le bonheur public. On

1. Voyez un mémoire de M. Huc, *Recueil de l'Académie de législation de Toulouse*, 1866, pages 349 et suiv.
2. Page 6.

« s'écartera de cette idée morale si on fait dépendre d'une
« inscription la fortune des femmes et des mineurs (1). »

Un peu plus loin nous assistons à une résurrection du
rapport de Bigot : « Imagine-t-on que le crédit ait un grand
« profit à tirer de cette publicité? La base véritable du
« crédit est la confiance réciproque des citoyens, etc..... »

Le rapport admet les réformes suivantes :

1° Rétablissement de la transcription « omise » par le
Code civil.

2° Suppression de l'hypothèque judiciaire.

3° Fin de l'hypothèque légale avec la fin de l'incapacité.

§ 6. — En résumé, au mois d'avrill 1850, l'Assemblée
était saisie de trois projets de lois sur les hypothèques : celui
de M. Pougeard, celui de la Commission parlementaire,
celui du gouvernement.

Quant à la transcription, tout le monde était convaincu
qu'il fallait la rétablir.

Pour la publicité des hypothèques légales, trois systèmes
étaient présentés : c'étaient les mêmes que ceux sur lesquels, en 1841, les cours et facultés s'étaient divisées.

Section IV.

§ 1. — Nous croyons utile de faire précéder de quelques considérations l'exposé des débats que fit naître la
question de la réforme hypothécaire.

1. Page 92.

A. — Tout d'abord, au point de vue juridique, les opinions de M. Troplong sur le régime hypothécaire, et sa préférence bien marquée pour le système du Code modifié en quelques points, exercèrent une influence certaine sur toutes ces discussions. M. Troplong le reconnaît lui-même dans le Traité sur la transcription qu'il publia plus tard : « C'est là l'opinion, dit-il (1), que nous avons émise dès « 1833, et dans laquelle nous avons toujours persisté. « Nous serions heureux de penser que nous avons contri- « bué, même indirectement et pour une faible part, dans « le triomphe qu'elle a obtenu. » Voici maintenant comment un autre auteur d'un Traité sur la transcription, M. Mourlon, apprécie l'influence du célèbre jurisconsulte : « On ne sait pas assez en France avec quelle légéreté d'esprit « les hommes les plus graves font, par l'autorité de leur pa- « role et la garantie de leur honorabilité, entrer dans le « domaine des faits les fictions auxquelles leur imagination « a pu prêter seule la couleur de la réalité (2). »

B. — D'un autre côté, au point de vue politique (3), il est bien difficile d'admettre que la Chambre devant qui on portait la loi pouvait mener à bonne fin une entreprise aussi considérable. Les deux partis qui la composaient sentaient venir le coup d'état présidentiel sans pouvoir l'empêcher...

A chaque occasion, de violentes discussions étaient l'indice d'une division profonde parmi les membres de l'As-

1. Page 67.
2. Tome 2. p. 486.
3. D'après la constitution, tout projet de loi devait subir trois lectures.

semblée. Voici, par exemple, dans quelles dispositions d'esprit on s'occupa des hypothèques.

Dans la séance du vendredi 21 février 1851, à propos du droit que le § 4 du nouvel article 2175 donnait aux magistrats de désigner les journaux du département qui devaient insérer la demande de purge, on voit les députés de l'opposition (la gauche) faire une sortie violente contre la magistrature, et l'on entend le président répliquer : « Les tribunaux ne sont calomniés que par ceux qui les craignent ! ». Je dis que dans des conditions semblables, il était difficile d'aboutir.

§ 2. — A la première séance, le 26 juin (1), le président, en ouvrant la discussion, rappela que les hypothèques constituent, en somme, une matière pacifique et sérieuse ; or, aussitôt après, le bruit devient tel, quand M. Wolowski commence son discours, que cet aveu échappe à M. Dupin : « Nous sommes bien heureux que le Code civil soit fait ; on ne le ferait pas ici ! » Et déjà, à propos de l'hypothèque légale, M. Wolowski (2) et M. de Vatimesnil (3) se réfutent avec aigreur.

§ 3. — Abordons de suite la seconde délibération (4). M. Valette (5) posa la question en ces termes : « Notre

1. Voyez *Moniteur*, 1850, p. 2178 et 2180.

2. De la gauche de l'Assemblée.

3. De la droite.

4. Le jeudi 8 août de la même année, M. Dumas, ministre de l'agriculture et du commerce, déposait sur le bureau de l'Assemblée un projet de loi relatif à la création d'institutions de Crédit foncier.

5. *Moniteur*, 1850, p. 3612. C'est à ce propos que M. Valette donna du socialisme une définition qui a fait fortune : le socialisme est l'art d'utili-

« réforme, à mon sens, doit être une réforme de bonne
« organisation de la publicité des droits réels, un régle-
« ment du mode d'exécution de ces mêmes droits. La
« réforme que nous devons poursuivre, c'est surtout une
« réforme administrative : il faut avoir des registres con-
« venablement tenus », en rapport intime avec le cadastre.

(A). — *Hypothèque légale.*

Un grand débat s'ouvrit ensuite sur l'hypothèque judiciaire qui fut supprimée ; il ne restait plus en présence que
l'hypothèque légale et l'hypothèque conventionnelle.

Dans la séance du 4 janvier 1851, la discussion s'en-
gagea sur la question de savoir si l'hypothèque légale serait
ou non publique. Mais « l'Assemblée était trop préoccupée
« pour écouter aucune discussion sérieuse. »

Le lundi suivant, M. Lherbette vint très habilement
combattre le projet de M. de Vatimesnil ; il en montra les
inconvénients pratiques, les fréquentes réunions des conseils de famille, les juges de paix surchargés, le tuteur
devant apporter son bilan au moment de sa nomination, la
femme n'étant pas libre souvent de prendre inscription par
elle-même, les convenances s'opposant à ce que des amis
prissent cette inscription, etc.

M. Charlemagne répondit avec une grande vivacité, en
condamnant une fois de plus la clandestinité. La conclu-

ser le bien d'autrui. C'est une réminiscence d'une définition donnée par
l'abbé Maury : le crédit est l'usage de la puissance d'autrui.

sion de son discours mérite d'être citée : « Étonnez-vous
« après cela que les capitaux fuient la propriété ! On en-
« verrait des capitaux pour percer l'isthme de Panama, et
« on n'en prêterait pas à son voisin qui n'a à fournir que
« des biens au soleil pour servir de garantie... En réalité,
« l'hypothèque occulte n'est autre chose qu'un piège
« tendu aux tiers. »

Le mardi 7 janvier, M. Demante vint au secours du
Code civil, et M. Marc Dufraisse défendit la loi de brumaire accusée d'avoir engendré des désastres : « Je ne
« sais, dit-il, si ces désastres sont bien prouvés ; on s'en
« est plaint. On a même été jusqu'à dire que quelques-
« uns des membres du Conseil d'État, rédacteurs du Code
« civil, en avaient été les victimes ; ceci expliquerait jus-
« qu'à un certain point leur grande colère de réaction
« contre la loi de l'an VII. »

M. Gaslonde, partisan de la clandestinité, vint ensuite
condamner en ces termes le projet de M. de Vatimesnil :
« Ou renoncez à l'hypothèque légale, ou que le bienfait
« de la loi soit entier et que l'hypothèque légale n'ait pas
« besoin, pour prendre rang, de se révéler aux tiers par
« une inscription (1). »

Le lendemain, M. Wolowski développa le système de
M. Valette et le sien sur la suppression de l'hypothèque

---

1. Cela est très logique : nous croyons que le système de M. de Vatimesnil qui tient le milieu entre celui de MM. Gaslonde et Demante, et
celui de MM. Valette et Wolowski, est rempli de difficultés pratiques qui
en rendent fort périlleuse l'application.

légale : « Cherchons les garanties nécessaires pour les fem-
« mes et les mineurs en dehors de l'hypothèque légale.
« Voilà, suivant moi, le véritable terrain de la discussion.
« L'idée que je viens défendre n'est pas de pure théorie ;
« la France est presque aujourd'hui l'unique pays de
« l'Europe dans lequel le système que l'on regarde comme
« la sauvegarde de la famille est maintenu ; et apparem-
« ment que l'esprit de famille n'a pas disparu en Allema-
« gne, en Hollande, en Italie. »

Et il faisait ressortir l'inconséquence (1) du Code civil
frappant d'une hypothèque légale les immeubles du tuteur
ou du mari, et n'exigeant au contraire aucune garantie de
celui dont la fortune est purement mobilière.

Bien entendu, on aurait autrement protégé les incapables. Ce système était, nous l'avons vu, celui de la faculté
de droit de Paris.

Jusqu'ici l'Assemblée était assez indécise ; mais à ce moment M. Rouher intervint dans le débat. Tout d'abord
partisan du projet de la commission, le ministre de la
justice déclara que, devant les difficultés d'application du
système de M. de Vatimesnil, il se ralliait aux idées de
M. Demante, faisait volte face, et revenait à la clandestinité.

Après un dernier effort du rapporteur, on alla aux voix
sur l'amendement suivant, de MM. Demante et Gaslonde : « néanmoins l'hypothèque légale existe indépen-

1. Voyez pour le développement de cette idée le discours de M. Valette
à la séance du mercredi 12 février.

« damment de toute inscription au profit des mineurs et
« interdits, et au profit des femmes, pendant toute la durée
« de la tutelle et du mariage. »

Cet amendement fut adopté, au scrutin public, par 344
voix contre 325, c'est-à-dire à 19 voix seulement de majorité. Le projet de la commission était anéanti, puisqu'il
n'y avait plus désormais de publicité.

Quand on jette les yeux sur les noms des membres de
l'Assemblée qui votèrent pour ou contre, il faut bien reconnaître que, en général, la droite vota pour l'amendement, et la
gauche contre. Il semblerait donc qu'il y a dans ce vote
une tendance politique certaine, qu'on n'aurait pas cru
rencontrer en cette matière.

Dans les séances suivantes, les partisans de la publicité
prirent un peu leur revanche.

En effet le nouvel article 2136 se terminait ainsi : « Il
« pourra être convenu que la femme n'aura aucune hypo-
« thèque légale. » Et le nouvel article 2137 disposait de
la façon suivante : « Le conseil de famille pourra pareille-
« ment décider que le mineur ou l'interdit n'aura d'hypo-
« thèque que sur certains immeubles, et même qu'ils n'en
« auront aucune. »

Ces deux articles furent votés et M. Valette, à ce propos, visant le principe même de l'hypothèque légale, atta-
qua avec une extrême vivacité le système introduit par le
vote de l'Assemblée.

L'hypothèque légale n'en existait pas moins toujours,
clandestine comme par le passé.

(B). — *Transcription.*

A la séance du samedi 15 février, après un discours de M. de Vatimesnil, la transcription des mutations immobilières entre-vifs fut votée, malgré l'opposition de M. Gros, qui se demandait « si l'urgence de cette innovation se faisait bien sentir. »

§ 4. — *Troisième délibération.*

Le mardi 1ᵉʳ juillet 1851, M. Hennequin résumait en ces termes les travaux précédents :

« Je crois qu'il y a ici deux choses distinctes à examiner : la réforme hypothécaire et la loi actuelle ; ce n'est pas du tout la même chose. Quant à la réforme hypothécaire, je ne crois pas qu'une réforme profonde, sur laquelle on puisse établir le crédit foncier d'une manière stable, doive résulter de la loi actuelle ; je crois qu'après cette loi et les efforts qu'elle a coûtés à la commission et à l'Assemblée, la réforme hypothécaire sera encore à faire. » Cela étant, faut-il accepter le projet tel qu'il est ? Oui, faute de mieux.

Elargissant le débat, l'orateur se déclare partisan d'une révision de tout notre Code civil.

A ce moment, l'Assemblée n'est plus en nombre, attendu « que tous les députés sont dans les couloirs. »

Alors, « L'Assemblée consultée décida le renvoi au sa-
« medi suivant. »

Ainsi finit la réforme hypothécaire ; on n'en reparla
jamais plus, avant le coup d'Etat de décembre.

Le système du Code civil régnait toujours, avec les dé-
fauts que nous avons exposés.

Section V

Il nous reste à étudier les différentes lois qui ont cher-
ché à parer à ses incontestables vices.

Le défaut de transcription a été en partie comblé par la
loi de 1855.

Trois lois ont, à certains égards, diminué les dangers
que l'hypothèque légale occulte faisait courir aux tiers.

§ 1. — *Transcription.*

A. — La transcription était universellement réclamée,
depuis 1804, et ce n'est qu'au mois de mars 1855 que
l'on rendit publiques les aliénations de la propriété immobilière.

Le 11 mai 1853, le projet était présenté, et, le 14 mai,
une commission fut nommée. M. Delapalme en fut président, et M. Alfred Leroux secrétaire.

Le lundi 20 mars, M. de Belleyme était nommé rapporteur.

Les conseillers d'Etat, commissaires du gouvernement,

chargés de soutenir la discussion du projet de loi, furent MM. Rouher (1), Suin, Persil, Rouland.

Au nom du Conseil d'É'tat, M. Suin fit l'exposé des motifs.

M. Adolphe de Belleyme, député, exposa très nettement dans son rapport le danger résultant de l'absence de transcription. « Il n'est pas impossible, disait-il, de vendre et « de se faire payer plusieurs fois le même immeuble, ou « d'hypothéquer un immeuble que l'on a vendu. » Et plus loin : « l'hypothèque peut subitement disparaître par « l'effet d'une revendication. Tout le système hypothécaire « du code est compromis... Le crédit foncier, récemment « créé (2), fonctionne avec peine au milieu de toutes ces « incertitudes. »

La discussion s'ouvrit le 13 janvier 1855. M. Lequien combattit la transcription qui fut votée, et M. Millet demanda qu'on maintînt l'action résolutoire du vendeur, action dont le sort fut dorénavant lié à celui du privilège de ce vendeur.

La loi de 1855 fut votée au Corps législatif le 17 janvier, par 219 voix contre 7.

Au Sénat, une commission l'examina, et le mercredi 14 mars 1855 le Sénat « passa au scrutin sur l'ensem- « ble de la loi, et déclara ne pas s'opposer à sa promulga- « tion. »

1. Vice-président du Conseil d'Etat. M. Baroche était président.

2. Voyez le décret du 28 février 1852, la loi du 11 juin 1853. V. aussi la loi du 21 mai 1858.

Ainsi la transcription est désormais rétablie ; notons que malgré ses avantages, elle reste toujours facultative.

B. — La loi de 1855 a élargi le système de la loi de brumaire, d'après lequel il y avait corrélation entre les droits réels qui devaient être rendus publics et ceux qui étaient susceptibles d'hypothèque.

Mais a-t-elle suffisamment élargi cette publicité ?

On a demandé la publicité pour les partages ; sur ce point les explications de M. Troplong (1), en faveur de la clandestinité, ne sont pas absolument satisfaisantes. Mais enfin peut-être les avantages d'une publicité ne sont-ils pas assez considérables pour justifier une mesure qui peut avoir des inconvénients pratiques.

Un autre reproche qu'on a fait à la loi du 23 mars 1855 est celui-ci : Les mutations à cause de mort ne sont pas rendues publiques.

Ici encore, nous le croyons, on se trouverait en face de bien des difficultés pratiques, si l'on voulait assurer la publicité de ces mutations. Remarquons que les tiers sont peu exposés à des erreurs préjudiciables, attendu que la jurisprudence française (2) a beaucoup fait pour conserver les droits que ces tiers pourraient tenir des héritiers apparents.

1. *Transcription hypothécaire*, p. 70.
2. A l'inverse de la jurisprudence belge.

§ 2. — *Hypothèque légale.*

A. — Loi de 1885.

Depuis la loi de 1855, article 8, « le privilège de clan-
« destinité commence, dure et s'éteint comme et avec
« l'incapacité sur laquelle il repose. Là est toute la pensée
« de la loi, » qui revient ainsi aux données de l'édit de
1673. « Cette grande faveur, dit M. Suin, est maintenue
tant qu'est maintenue sa raison d'être. » Un délai de
grâce d'un an est accordé à l'incapable devenu capable,
pour faire inscrire avec effet rétroactif son droit hypothécaire.

B. — La loi de 1850 ordonne une certaine publicité
des contrats de mariage. Les tiers peuvent ainsi, dans une
certaine mesure, se rendre compte, quand ils connaissent
la date et le lieu du mariage, de la portée, de l'étendue de
l'hypothèque légale de la femme mariée.

« Ce projet », est-il dit dans le rapport fait à l'Assemblée nationale dans la séance du 11 juin 1850, « n'est
pas de création nouvelle. On le trouve déjà en substance
« dans les observations présentées par deux Cours d'appel
« sur la réforme hypothécaire. Ces deux Cours sont celles
« de Rouen et de Caen (1), dans le ressort desquelles le

---

1. Voyez *Documents hypothécaires*, tome 2, pages 251 et suiv. ;
page 365.

« régime dotal est fort en usage. La faculté de Caen (1)
« a émis une proposition semblable. »

C. — M. Wolowski, dans un de ses articles sur le
Crédit foncier (2), disait qu'il fallait « accroître et généra-
« liser les garanties données aux mineurs, et aussi dimi-
« nuer la responsabilité du tuteur en restreignant sa sphère
« d'action. »

On le conçoit, en effet, moins le tuteur pourra dissiper
facilement la fortune de son mineur, moins ce dernier aura
à se prévaloir de son hypothèque légale, et moins le danger
sera grand pour les tiers.

Or, la loi de 1880 restreint l'administration du tuteur ;
à ce titre nous devions la signaler.

Section VI

§ 1. — Même après la loi de 1855, le système hypothécaire fut vivement attaqué.

L'hypothèque légale occulte fut surtout l'objet des critiques :

« Elle compromet, dit M. Mourlon (3), la fortune de
« tous pour sauver le patrimoine de quelques uns. Elle
« nécessite des purges inutiles. Elle donne lieu à des suren-
« chères sans objet. Elle suspend la confiance. Elle arrête

1. *Eod. Loco*, p. 385.
2. *Revue Wolowski*, année 1850, tome 3, page 266.
3. *Traité de la transcription*, tome 2, page 494.

« les affaires. Elle crée un malaise incompatible avec le
« bien public. Enfin, elle est immorale. »

Cette critique est très exagérée, à coup sûr, et nous ne
pouvons y souscrire. D'ailleurs M. Mourlon, un peu plus
loin, demande la suppression de l'hypothèque légale, au
nom de l'amour : cet argument avait, jusque là, été fort
peu employé.

§ 2. — Les critiques formulées par M. Bonjean au
Sénat, dans la séance du 6 avril 1866, nous semblent
mériter une plus longue attention :

« J'ai à vérifier, dit M. Bonjean, la situation hypothé-
« caire d'un immeuble, soit pour l'acheter, soit pour faire
« un placement dont il doit être la garantie. Si je demande
« au conservateur l'état des hypothèques qui grèvent cet
« immeuble, il me répondra : Je ne puis répondre à la
« question ainsi posée ; mes registres sont tenus par nom
« de propriétaires, non de propriétés. Il faut donc que
« préalablement je recherche la série des propriétaires
« auxquels l'immeuble a appartenu successivement... Si
« j'en oublie un seul, je n'obtiendrai que des renseigne-
« ments incomplets ou trompeurs... De même, si je me
« trompe sur les noms, les prénoms, les professions, les
« domiciles ; si je prends le père pour le fils, l'oncle pour
« le neveu, ma recherche est vaine. »

On voit de suite la conclusion de M. Bonjean : il faudrait
un état civil des immeubles basé sur le cadastre.

Nous avons déjà dit plus haut que les parcelles cadas-
trales en France sont trop petites et par suite trop nom-

breuses, que de plus elles se divisent et se transforment avec une trop grande rapidité, pour que ce système soit pratiquement réalisable.

§ 3. — S'il fallait nous résumer sur ce point, nous dirions :

Il est certain qu'à l'heure actuelle, on a comblé bien des lacunes de notre Code civil en matière hypothécaire.

Il est également certain que c'est la clandestinité de l'hypothèque légale qui, dans l'hypothèse où une réforme serait proposée, courrait les plus grands dangers.

En présence de la révolution économique provoquée par le développement de la richesse mobilière, il faut avouer que l'importance de l'hypothèque légale, au point de vue de la protection des incapables, a été exagérée ; à l'opinion, souvent citée, de M. Lherbette (2) : « Une nation doit « s'abstenir de changer radicalement les dispositions essen- « tielles de ses lois sans nécessité de salut », on peut ré- pondre par ces lignes d'un éminent magistrat : « C'est dans « les dispositions par lesquelles le législateur réalisera le « principe de la publicité que résidera la force de sa théo- « rie. Là seront le point capital de la réforme et le pivot « sur lequel doit se mouvoir tout le système (3). »

Appendice.

A. — Bien que nous ne nous occupions que de l'hypo-

1. Avec l'hypothèque judiciaire.

2. *Moniteur* du 7 juin 1851.

3. M. de Robernier, « de la preuve du droit de propriété en fait d'im- meubles. »

thèque qui frappe sur des immeubles, disons que la loi du 10 décembre 1874 rend les navires susceptibles d'hypothèque. D'après l'article 6, cette hypothèque doit être rendue publique par l'inscription sur un registre spécial tenu par le receveur des douanes du lieu où le navire est en construction, ou de celui où il est immatriculé.

B. — Avant de quitter la France pour parcourir les diverses législations étrangères, citons deux lois qui ont modifié le régime hypothécaire de l'Alsace-Lorraine :

1° La loi du 11 mai 1877, relative aux eaux, porte dans son article 3 que, en cas d'échange de deux terrains, « le « contrat d'échange pourra en même temps contenir la « mention que les droits de privilége, hypothèque, usu- « fruit ou location grevant l'un des terrains porteront sur « le terrain transmis en échange. »

2° La loi du 30 avril 1880, s'occupe de l'exécution forcée sur les immeubles (Annuaire de la société de la législation comparée, année 1881, page 241).

C. — La loi du 18 mai 1865, sur le régime hypothécaire en Savoie et à Nice, a étendu les règles hypothécaires de notre Code civil aux pays nouvellement annexés. Ces règles ont, quant à l'hypothèque légale de la femme mariée, remplacé celles édictées par les articles 2170, 2171, 2215 et 2216 du Code Albertin, qui sur ce point se rapprochaient beaucoup du système créé par la loi de brumaire (1).

1. Voyez un article de M. Caillemer : Revue critique de la jurisprudence en matière civile, tome 29.

CHAPITRE VIII

Dans l'étude que nous allons faire maintenant, de la façon dont les législations étrangères comprennent et appliquent le principe de la publicité, il faut constamment avoir à l'esprit le principe suivant : la meilleure loi est celle qui répond le mieux aux besoins du peuple pour lequel elle est faite.

Il faut donc faire une réserve dans ce sens en citant les lignes suivantes de M. Troplong : « L'étude de la législation comparée est la meilleure manière d'approfondir les grandes questions que présente la science du droit. »

Cela posé, revenons au droit féodal.

Nous avons vu que notre principe de la publicité avait, dans les coutumes de nantissement, victorieusement résisté à l'influence envahissante du droit romain.

De même plusieurs villes d'Allemagne restèrent fidèles au principe.

Citons, par exemple : Ulm, dont les statuts furent révisés en 1683 ; Kiel, où la publicité existait au xiiie siècle ; Cologne, où elle existait dès le xie (1).

______

1. V. Mittermaier, *Principes du droit privé allemand*, § 144 ; et Archives pour la pratique civile, tome 18, p. 151.

Un statut du parlement écossais, de 1598, confirme en Ecosse l'existence des registres, et de même, en Angleterre, deux statuts de la reine Anne, en 1707 et 1712, constatent l'existence de la publicité dans les comtés de Middlessex et d'Yorck.

Citons encore les statuts de Pologne qui remontent aux années 1575 et 1588. Les registres fonciers existent à Hambourg depuis l'année 1248 et à Lubeck depuis 1309 (1).

Chez les Slaves, les aliénations d'immeubles étaient publiées sur le marché public ; puis elles étaient inscrites sur des tablettes, plus tard sur des registres.

Dans le siècle dernier, une réaction très énergique s'affirma contre la clandestinité de l'hypothèque romaine.

L'Allemagne, où les règles de l'ancien droit germanique n'avaient pas disparu, se trouva tout naturellement à la tête du mouvement. De là naquit sur la publicité le système dit germanique, par opposition au système romain.

§ 1. — *Prusse.*

La Prusse donna l'exemple. Par l'ordonnance des hypothèques et du concours entre créanciers, du 4 février 1722, le principe de la publicité fut posé (2).

1. D'après M. Challemel, *Bulletin de la Société de législation comparée*, 1877-1878, page 505.

2. Un édit sur ce sujet, du 20 septembre 1704, avait été révoqué au bout de quelques mois. L'ordonnance de 1722 fut étendue à la Silésie en 1750.

Dans l'ordonnance hypothécaire générale du 20 novembre 1783, le législateur étendit le principe, et le Code général pour les Etats prussiens de 1794 consacra définitivement cette généralisation.

De ces diverses lois, il résulte que :

1° Il n'y a pas d'hypothèques occultes ; toutes, même celles des incapables, sont soumises à l'inscription.

De même, pour les priviléges, la date seule de l'inscription règle désormais leur rang (1).

Pour rendre, vis à vis des tiers, cette publicité complète et efficace, il est nécessaire d'intabuler tout droit de propriété, d'usufruit, de servitude, d'antichrèse, d'emphytéose, de retour, de résolution, de réméré, de fidéicommis.

« Les tribunaux de tutelle doivent faire inscrire l'hypo-
« thèque légale des mineurs ; pour ce qui concerne celle
« de la femme, ce soin est laissé à son mari, à ses parents,
« ou à elle-même » (2).

2° Dans le registre public d'inscription, Grundbuch, chaque immeuble (3) a son feuillet spécial, a un compte ouvert, ce qui revient à dire qu'il existe un lien intime entre l'inscription (Eintragung) (4), et le cadastre (Flur-buch).

Les inscriptions subsistent indéfiniment, jusqu'à leur

1. Art. 411 et 412.

2. M. Antoine de Saint-Joseph, *Concordance*, édition 1856, préface, page 90.

3. Et non chaque propriétaire, réel ou apparent.

4. En Allemagne, l'inscription seule réalise la publicité : la copie intégrale des actes, la transcription, n'est pas usitée.

radiation. On le voit, chez nous la publicité est personnelle ; en Allemagne, elle est réélle.

Mais, notons-le bien, si la tenue de ces registres est possible en Allemagne, c'est qu'il existe dans ce pays de grands domaines dont beaucoup sont frappés d'immobilité, à raison des substitutions fidéi-commissaires dont ils sont grevés.

3° Puisque l'inscription est tout, dans ce régime, il a fallu protéger même les simples prétentions à un droit hypothécaire. On a admis des inscriptions provisoires, nommées prénotations, qui deviennent valables ou non, à leur date, d'après la décision qui intervient ultérieurement sur la contestation (art. 421).

4° Les tribunaux, en général (1), sont chargés dans chaque district de la tenue des registres. Le bureau de conservation est donc une sorte de greffe. Un recours est d'ailleurs donné contre les décisions du juge conservateur.

Tel est le système du Code prussien (2).

A tort ou à raison, on a formulé contre lui les deux critiques suivantes :

1° Le transfert de propriété n'a pas lieu comme chez nous par le simple consentement des parties, mais bien, comme à Rome, par la tradition. Jusqu'à la tradition un

1. Dans le Wurtemberg, à Nassau, Trèves et Bade, ce soin est confié aux corporations communales.

2. Ce régime fut introduit dans les provinces de l'ancienne Saxe, par la loi du 16 juin 1822, et pour les provinces de l'ancien duché de Westphalie, par la loi du 31 mars 1834.

simple droit de créance est seul créé par la convention.
L'acte d'aliénation, c'est l'inscription.

2° L'inscription n'a pas un effet absolu : le créancier
ultérieurement inscrit primera un *prior*, s'il peut prouver
que le *prior* connaissait sa clause hypothécaire intervenue
antérieurement.

Ce régime, cependant, fut entouré d'une grande admi-
ration : « Dans quelques contrées de l'Allemagne, di-
« sait M. Grenier au Tribunat, il s'est élevé sur cette ma-
« tière des législations qui ont laissé bien loin les usages
« antiques, et qui ont été portées à un degré de perfection
« qui les a fait remarquer. »

En tous cas nous avons exposé, d'une manière générale, les principaux points du système dit germanique.

Le besoin d'une réforme, cependant, se faisait sentir
par suite du développement de la richesse mobilière.

Depuis le 28 avril 1857, jusqu'en 1872, plusieurs projets de loi furent présentés et repoussés (1).

Enfin, le 5 mai 1872, furent promulguées quatre lois
sur le régime hypothécaire (2).

Le principe de la publicité y est absolu : « Celui-là
« seul sera propriétaire qui sera inscrit comme tel sur des
« registres publics (3).

Il en est de même pour l'hypothèque (article 36 de la

---

1. V. le détail dans l'*Annuaire de la Société de législation comparée*,
2ᵐᵉ année (1873), article de M. Paul Gide.

2. Le Hanovre échappe à cette nouvelle législation.

3. Même quand la transmission de la propriété a lieu *mortis causâ*.

première loi) ; mais la seconde critique formulée plus haut subsiste toujours.

Quand l'hypothèque est ainsi inscrite, le juge détache du fonds, au moyen du bon foncier (Gründschuldbrief), une somme égale au montant de la créance hypothécaire, et cette créance se transforme en un effet négociable comme une lettre de change. On en revient ainsi aux cédules de messidor.

Ces quatre lois, qui constituent actuellement le système hypothécaire prussien, ont été, par sept lois (1), étendues en 1873 aux provinces nouvellement annexées et aux vieilles provinces, à celles qui n'étaient pas soumises au Landrecht.

Notamment, par la loi du 27 mai 1873, le système créé par les lois prussiennes de 1872 a été étendu au Sleswig Holstein, dont la législation laissait fort à désirer, au point de vue de la publicité, à cause de l'existence d'un très grand nombre de privilèges non soumis à l'inscription (2).

La loi du 24 juin 1861, qui a introduit dans le royaume de Prusse le Code de commerce allemand, dispose, au commencement de son article 59, que le gage sur les navires se constitue au moyen d'une inscription (ein tragung) mentionnée sur le registre des navires. L'inscription est faite par le tribunal qui tient ce registre. Le rang des créanciers se détermine par l'ordre des inscriptions.

1. V. L'*Annuaire de législation comparée*, 3e année, page 134.
2. Même critique pour le Duché de Nassau.

Ces dispositions ont été étendues au Hanovre par la loi du 27 janvier 1879.

Signalons enfin en 1880 un projet relatif à la constitution d'hypothèques sur les chemins de fer, dans l'Empire d'Allemagne. La publicité y serait toujours la base : il y aurait un registre (Eisenbahnbuch) pour chaque chemin appartenant à des propriétaires différents.

§ 2. — *Autriche.*

L'Autriche suivit de près la Prusse dans la voie de la publicité. Elle avait d'ailleurs été précédée par quelques unes des provinces qui lui étaient soumises.

Dès le xiiie siècle, des registres locaux (Landtafeln) existaient dans certaines parties de la Bohême, de la Moravie, de la Haute-Silésie : on y inscrivait toute modification survenue dans la propriété. Signalons notamment les registres de Prague, de Brünn. Il n'était pas admis de preuves contre ces registres.

L'état civil des immeubles fut réellement créé en Bohême et en Moravie par lettres patentes du 22 avril 1694. Chaque immeuble eut son feuillet spécial sur le Grundbuch. Cette publicité fut étendue, en 1730, à la Styrie, en 1746 à la Carinthie, en 1772 à Trieste, en 1780 à la Galicie, etc.

Des lettres patentes de l'impératrice Marie-Thérèse, en date du 24 novembre 1758 (pour les terres seigneuriales) et du 1er septembre 1765 (pour les rotures), prescrivirent

une publicité de tous les droits réels au moyen des registres, à l'imitation de la législation prussienne. En parti-
ticulier, toutes les hypothèques furent soumises à l'intabu-
lation, c'est-à-dire à l'inscription sur les registres publics
des immeubles. L'ordonnance hypothécaire de 1781 consacra cet ordre de choses, et en 1811 le Code civil autrichien, dans son article 432, posa de nouveau le même
principe (1).

Chaque province, tout en acceptant le principe de la
publicité par les registres, avait gardé ses règles particulières.

Le gouvernement, en conséquence, proposa un projet
sur cette matière pour toute la monarchie (à l'exception
des Confins Militaires). Ce projet, avec l'exposé des motifs,
parut en 1858, et, après des vicissitudes inutiles à raconter, donna naissance à la loi du 25 juillet 1871, pro-
mulguée le 15 août.

Le principe général est que tous les actes concernant
les immeubles, notamment ceux qui ont pour objet « de
« créer, de restreindre ou de faire disparaître un droit réel »,
doivent être inscrits sur des registres publics.

L'article 11 de la loi constitutionnelle du 21 décembre
1867 sur la représentation de l'empire réservait aux diètes
provinciales toute compétence sur la tenue des livres fonciers. Mais, d'après l'article 12, alinéa 2, les diètes ayant
en général, déclaré s'en rapporter au Reichsrath, des lois

---

1. Le système des prénotations existe aussi en Autriche.

spéciales (1) ont successivement réorganisé les registres dans les diverses provinces, la Dalmatie exceptée, car, pour cette dernière province, il a fallu attendre jusqu'au 10 février 1881, une loi organisant les registres fonciers (2).

Le Tyrol n'est pas soumis jusqu'ici au système du Grundbuch autrichien (3).

Hongrie.

Jusqu'en 1840, la législation n'est pas bien certaine ; il y a des registres dans quelques villes.

La 21° loi de l'année 1840 étendit à toute la Hongrie le système des registres hypothécaires. L'ordonnance du 15 décembre 1855 (étendue à la Transylvanie par un arrêté ministériel de 1870) organisa les livres fonciers, et pourtant il n'y a réellement de bons registres fonciers qu'à Buda Pesth (4), car tous les registres consistent en réalité en une simple collection de feuilles détachées.

Une loi sanctionnée le 18 juin 1880 a essayé de remédier à cet état de choses en ordonnant de reconstituer autant que possible toutes ces feuilles éparses (5).

La Hongrie, la première, a créé, par la loi du 7 avril

1. Voir pour plus de détails, le *Bulletin de la Société de législation comparée*, séance du 11 juin 1879.

2. Voyez Bulletin, tome 10, page 515.

3. Voyez la loi du 27 mars 1869, *Revue de droit international et de législation comparée*, tome 2, année 1870, page 493.

4. Et encore depuis 1878 seulement.

5. Voyez l'*Annuaire*, 1881, page 298.

1868, un livre des chemins de fer et des canaux qui est tenu à Pesth, par les fonctionnaires qui sont préposés au livre foncier (1).

L'Autriche, depuis 1874, a admis les hypothèques sur les chemins de fer (2). La publicité y est organisée au moyen de registres spéciaux.

§ 3. — Pologne.

En Pologne et en Lithuanie, la publicité existait déjà d'après d'anciens statuts de 1575 et de 1588. L'inscription et la transcription s'effectuaient en Pologne au greffe du district de la situation des biens, et en Lithuanie sur les registres généraux du grand duché (3). La mobilisation du sol a lieu en Pologne, comme en Prusse, comme dans le Wurtemberg, comme dans la Bavière, etc... (4).

§ 4. — Bavière.

Le Code bavarois, qui date de 1756, a été complété, quant aux hypothèques, par les trois lois du 1er juin 1822 qui furent présentées en 1819 aux chambres par un jurisconsulte distingué, M. de Gönner.

Ces lois consacrent la publicité : toutes les hypothèques

1. *Annuaire*, 1880, 9e année, page 69.

2. Loi du 19 mai 1874.

3. Voyez Revue Wolowski, mai 1838.

4. Voyez sur le crédit foncier en Pologne : *Bulletin de la Société de législation comparée*, tome 7, séance du 10 juillet 1878.

sont soumises à l'inscription (art. 22 (1) de la loi hypothécaire).

Le tribunal du lieu de la situation de l'immeuble est
chargé de tenir les registres.

C'est le juge de la tutelle qui est chargé de prendre inscription pour le mineur.

Nous n'insisterons pas davantage sur la loi bavaroise de
1822 ; il suffit de se reporter à la loi prussienne, à cette
époque.

§ 5. — *Roumanie.*

Le droit civil roumain est en grande partie imité du
droit français ; mais le régime hypothécaire ressemble plutôt à la loi belge du 16 décembre 1851.

Ajoutons que la Roumanie, par la loi du 12 juin 1877,
a repris tout à fait les idées qui inspirèrent la théorie des
cédules, lors de la loi de messidor (2).

§ 6. — *Wurtemberg.*

Depuis fort longtemps, la publicité absolue était en vigueur dans le Wurtemberg, pour les transmissions de la
propriété immobilière, quand la loi hypothécaire du 15
avril 1825 vint en régulariser le fonctionnement, et l'étendre aux constitutions de droits réels en général et à l'hypo-

1. A. de Saint-Joseph, *Concordance*, page 114. Voyez également un article de Jourdan, dans la *Thémis*, tome VI, page 153.
2. Voyez *Annuaire*, 1878, page 696, et 1879, page 655 et 656.

thèque en particulier. Cette loi, d'après les rapports officiels, a produit d'excellents résultats.

§ 7. — *Hesse.*

Une loi de 1824 ordonne que les livres fonciers et le cadastre (1) auront un fonctionnement parallèle, et la loi du 29 octobre 1830 exige l'inscription des aliénations. Dans la Hesse rhénane (2), la convention d'hypothèque devait être passée devant notaires ; c'était le tribunal qui était compétent pour les autres provinces.

La Hesse a été, par la loi du 29 mai 1873, soumise au régime hypothécaire prussien des lois de 1872.

Une loi du 5 avril 1880 crée pour le grand duché un établissement de crédit agricole, qui prête sur première hypothèque (3).

§ 8. — *Brunswick.*

Il est remarquable que, dans le Brunswick, la publicité échoua devant les répugnances de la population. En effet, deux ordonnances, l'une du 5 janvier 1814, l'autre du 3 février de la même année, ayant exigé l'inscription de toutes les hypothèques, il fallut, par la loi du 26 mars 1823, rétablir la clandestinité pour plusieurs hypothèques, notamment pour celles des incapables.

1. Le cadastre doit être révisé tous les 25 ans.

2. La loi du 6 juin 1879 règle la tenue des livres fonciers dans la Hesse rhénane.

3. *Annuaire*, 1881, page 170.

Peu à peu ces répugnances ont disparu, et, par les lois du 8 mars 1878, les principes du système hypothécaire prussien ont été adoptés dans le Brunswick (1).

§ 9. — *Brême.*

L'ordonnance de la ville de Brême, du 19 décembre 1833, régularisa un système d'hypothèques tout particulier, celui des Handfesten.

La dernière loi sur cette matière est du 3 juillet 1860.

Un propriétaire a un immeuble valant 100.

Il prévoit qu'il pourra avoir successivement besoin d'emprunter 20, 30 et 50.

Il se fait successivement délivrer, sur son immeuble, trois titres *a*, *b*, *c*, de 20, 30 et 50 par la commission foncière de Brême (sorte de bureau judiciaire). Chaque Handfeste *a*, *b*, *c*, porte l'indication de sa valeur et de son rang ; chacune indique quelles sommes la priment. Ainsi, dans notre hypothèse, on indiquera que *c* ne sera payé qu'après *a* et *b*.

Le propriétaire conserve ses titres *a*, *b*, *c* jusqu'au moment où il a besoin d'emprunter.

Si le premier tiers qui deviendra créancier du propriétaire veut bien se contenter de l'Handfeste *b*, il consent par là même à ne toucher ses 30 sur le prix de l'im-

1. *Annuaire*, 1879, pages 191 et suiv.

meuble qu'après que le futur créancier, nanti de l'Handfeste *a*, aura touché ses 20 : on voit tout le mécanisme.

Il n'est point besoin de le dire, ce système, qui donne,
à Brême, des résultats excellents, est basé sur une
publicité absolue. Tout ce qui ne figure pas sur les registres, hypothèques, aliénations, constitutions de droits
réels quelconques, est radicalement nul vis à vis des
tiers (1).

§ 10. — *Saxe.*

En 1724, les hypothèques légales tacites furent abolies.
Elles furent rétablies dix ans plus tard.

Le 4 juin 1829, deux lois proclamèrent l'absolue nécessité de l'inscription pour toutes les hypothèques, et
abolirent toutes les hypothèques légales. Les incapables
eurent rang de préférence parmi les créanciers chirographaires. Et de plus la femme peut, pour ses apports mo-
biliers, obtenir une garantie hypothécaire qui, bien entendu,
ne vaut que par l'inscription. De même le juge peut forcer
le tuteur à donner, s'il y a lieu, une garantie personnelle
ou réelle à son mineur.

§ 11. — *Fribourg.*

La loi hypothécaire du canton de Fribourg forme le
titre 6 du livre 2 du Code publié en 1837. Elle établit

1. Voyez une intéressante étude de M. Challamel sur les Handfesten.
Bulletin, 1877-78, p. 382 et suiv.

un système mixte : il y a des hypothèques tacites et
légales.

« La plupart des populations voisines de la France,
« disait M. Bethmont lors de la réforme hypothécaire,
« après avoir emprunté nos lois ont changé profondément
« leur statut hypothécaire. Leur imitation s'est arrêtée où
« s'arrêtait la perfection du modèle. » Nous avons à dire
quelques mots de ces législations.

§ 12. — *Baden.*

Le Code civil resta en vigueur dans le grand duché de
Bade depuis 1809.

Mais le Code hypothécaire y subit de nombreux changements. Ainsi en 1809, pendant l'occupation française, la
transcription fut établie; les autorités communales font
l'office de conservateurs, et certaines autorités sont responsables, envers les incapables, si les hypothèques légales ne
sont pas inscrites (1).

La loi du 3 mars 1879, deuxième section, titre I, réforme un certain nombre d'articles du Code civil (voyez
les art. 20 à 25).

Désormais, en cas de faillite du mari, la femme mariée
ne peut plus, en vertu de son hypothèque légale, prélever les avantages à elle reconnus par son contrat de
mariage.

______

1. Voyez pour ce dernier point les lois du 10 mars et du 18 avril
1810.

§ 13. — *Hollande.*

Nous avons vu que la publicité régnait dans les Pays-Bas, tant français qu'autrichiens, au moment de la confection de notre Code civil. Celui-ci s'implanta dans les Provinces Unies, lorsqu'elles furent annexées à l'Empire français. Le 1er octobre 1838, un nouveau Code civil était mis en vigueur en Hollande ; on revenait franchement à la publicité et au système germanique.

L'article 671 porte : « Le transport de biens immeu-
« bles *a lieu par la transcription* des actes sur des re-
« gistres publics à ce destinés. »

Il n'y a plus d'hypothèque judiciaire.

Si la femme, dans son contrat de mariage (1), a négligé de stipuler une garantie hypothécaire, les biens du mari sont libres.

Le mineur a bien une hypothèque sur les biens de son tuteur, mais le juge de paix, après avoir pris l'avis des parents, doit évaluer et faire inscrire la créance pupillaire.

En sorte que le principe est nettement posé par l'article 1224 :

« L'hypothèque sera inscrite sur les registres publics

---

1. Les femmes n'ont d'ailleurs pas grand besoin d'hypothèque, car la communauté universelle est, en Hollande, la loi de presque tous les mariages. Voyez M. Alban d'Hauthuille, *Révision du régime hypothécaire,* page 147.

« à ce destinés. A défaut, l'hypothèque ne produira au-
« cun effet. »

« Créer des hypothèques générales à côté d'hypothè-
« ques spéciales, conserver à côté d'hypothèques osten-
« sibles et notoires des hypothèques clandestines dans leur
« naissance, leur assiette et leur étendue, c'est », disait,
dans la séance de la deuxième chambre des États généraux
du 12 mars 1825, M. Sypkens, l'un des membres de la
commission du Code civil des Pays-Bas, « vouloir accor-
« der des principes inconciliables, et combiner des choses
« sans rapport entre elles; c'est vouloir rendre possible
« une impossibilité; c'est reprendre d'une main ce qu'on
« a donné de l'autre. »

Le conservateur des hypothèques est chargé de la tenue
des registres ; de même on rend publics les titres constitu-
tifs de servitudes, de rentes foncières, d'usufruit, d'usage,
d'habitation et de superficie, les substitutions testamentaires permises, l'emphytéose, etc.

Deux lois du 5 juin 1878 ont apporté au régime hypothécaire hollandais certains changements qui sont d'ailleurs étrangers au principe même de la publicité.

§ 14. — *Belgique.*

La Belgique, ancien pays de nantissement, dut adopter
successivement le système de la loi de brumaire et celui de
notre Code civil.

Elle a bien gardé notre Code civil ; mais elle a rejeté notre régime hypothécaire.

Par un arrêté royal du 24 décembre 1841, M. le ministre de la justice Van Volxem nomma une commission chargée d'étudier la réforme.

Cette commission, le 2 décembre 1846, fut remplacée par une commission nouvelle, aux termes d'un arrêté royal contresigné par M. d'Anethan, ministre de la justice.

Le projet de cette commission fut adressé, le 12 août 1848 à M. de Haussy, qui le présenta à la Chambre des représentants le 7 novembre suivant. M. Lelièvre fit le rapport et le projet fut adopté à l'unanimité. M. d'Anethan fit le rapport au Sénat, qui adopta de même les dispositions nouvelles.

La loi, qui porte la date du 16 décembre 1851, fut publiée dans le *Moniteur* le 22 décembre suivant, pour être mise en vigueur à partir du 1er janvier 1852.

La publicité existe :

Pour les mutations immobilières entre vifs, les actes déclaratifs de la propriété doivent être transcrits comme les actes translatifs ;

Pour les privilèges sur les immeubles ;

Pour les hypothèques ;

Pour toute constitution ou extinction de droit réel.

L'hypothèque légale occulte est abolie ; le système de protection des incapables, préconisé en France par M. de

Vatimesnil, a été adopté ; il n'a pas donné tous les résultats heureux qu'on en espérait (1).

Une nouvelle espèce d'hypothèque, introduite dans la législation belge, est l'hypothèque testamentaire. C'est, comme le dit l'article 44, celle qu'un testateur établit, pour garantie des legs qu'il fait, sur un ou plusieurs immeubles spécialement désignés dans le testament.

Il n'est resté, depuis la loi du 16 décembre 1851, en Belgique, aucune trace de l'hypothèque judiciaire.

La loi du 15 août 1854 a simplifié le système du Code de procédure sur la saisie immobilière.

Il nous reste à citer la loi du 21 août 1879 contenant le livre 2 du Code de commerce.

Article 1er du titre 1er : « Les navires et autres bâti« ments de mer sont meubles ; néanmoins ils peuvent « être hypothéqués. »

Article 139 : « Cette hypothèque est rendue publique « par l'inscription sur un registre spécial, tenu par le con« servateur des hypothèques à Anvers. »

§ 15. — *Espagne.*

La loi hypothécaire espagnole fut, après le vote des Cortès, sanctionnée par la couronne le 8 février 1861. Elle n'a été appliquée qu'à partir de l'année 1871.

Cette loi adopte pleinement le système germanique, mais elle n'est entrée que pour partie dans la pratique.

1. Voyez M. Laurent, tome 30, page 236.

Les articles 23 et 25 de la loi exigent la transcription pour rendre opposables aux tiers les transmissions immobilières, même à cause de mort. Toutes les hypothèques, même légales, doivent, pour valoir, être inscrites dans des livres fonciers tenus par le « registrador. » Comme en Allemagne, les prénotations existent (1).

§ 16. — *Suisse.*

On sait que le Code civil français a été adopté par le canton de Genève. Par arrêté du 17 janvier 1824, le Conseil d'Etat de ce canton composa une commission (MM. Girod, Rossi et Bellot) pour préparer un projet de loi sur le régime hypothécaire. Ce travail (de M. Bellot), et le rapport de M. Girod furent présentés en décembre 1827 au conseil représentatif. Le projet soumettait à la publicité toutes les hypothèques, toutes les transmissions de la propriété, toutes les constitutions de droits réels. Ce projet qui imitait le système germanique ne fut jamais converti en loi (2). Le 28 juin 1830, la transcription fut établie.

Le système hypothécaire germanique a été adopté par plusieurs cantons suisses :

Berne (3e partie du Code civil en vigueur depuis le 1er avril 1831). — Lucerne (Loi du 6 septembre 1831). Saint-Gall (Loi du 5 mars 1818). — Thurgovie (20 juin

1. Voyez Revue critique de législation et de jurisprudence, tome 35, pages 401 et suiv.
2. Dit M. Troplong en 1856.

1832). — Appenzell (Loi du 30 juin 1835). — Bâle (5 mars 1808).

Le Code civil du canton du Valais a été adopté le 1er décembre 1853, et il est entré en vigueur le 1er janvier 1855. La loi du 19 novembre 1870, exécutoire à partir du 1er avril 1871, le modifie ainsi qu'il suit : « les privi-« lèges des femmes, des fils de famille, des mineurs et des « interdits, ainsi que celui des avocats et des procureurs, « mentionnés dans l'article 1857 du Code, sont abolis. » La transcription s'étend à tous les droits réels.

Le canton de Glaris a terminé la publication du Code civil en 1874. L'article 255 est ainsi conçu : « Une hypo-« thèque ne peut être constituée sur un immeuble que par « voie de création d'une lettre de gage. Le droit hypo-« thécaire est acquis au créancier aussitôt que le débiteur « a notifié la lettre de gage au bureau des hypothèques. »

Une loi a été votée le 24 juin 1874, concernant les hypo-thèques sur les chemins de fer. Cette loi s'étend à tout le territoire de la Confédération. L'article 5 est ainsi conçu : « Il est établi un registre hypothécaire (Pfandbuch) spé-« cial pour les hypothèques sur les chemins de fer ; dans « ce registre sont inscrites toutes les constitutions d'hypo-« thèques existantes et toutes celles qui seront dorénavant « autorisées. »

§ 17. — *Louisiane.*

Le Code civil de la Louisiane, promulgué le 12 avril

1824 et exécutoire à partir du 20 juin 1824, déclare l'existence de l'hypothèque légale occulte, dans son article 3208. L'article 3283 donne une hypothèque occulte aux absents sur les biens de leurs curateurs et réciproquement. Les privilèges, de plus, sont multipliés et les hypothèques conventionnelles peuvent s'étendre à tous les biens présents et à venir du débiteur.

§ 18. — *Bolivie.*

La Bolivie suit en général le système français : notons qu'il existe une hypothèque légale au profit des enfants nés d'un premier mariage sur les biens de leur beau-père, si la mère a conservé la tutelle.

Les conservateurs doivent, d'office, renouveler les inscriptions tous les dix ans.

§ 19. — *Grèce.*

La Grèce a presque adopté le système français dans la loi du 11 août 1836 (1).

D'un côté, en effet, les articles 11 et 18 exigent bien que l'hypothèque des incapables soit inscrite pour valoir.

Mais d'autre part, c'est un conservateur, non un juge qui est chargé des registres ; et ce qui rapproche surtout la loi de 1836 de la loi française à cette époque, c'est qu'elle gardait le silence sur la transcription (2). Cette

1. Nous dirions 23 août 1836.
2. Voyez *Revue Fœlix*, tome 4.

lacune a été comblée le 29 octobre 1856 (1).

§ 20. — *Suède.*

La loi suédoise, du 13 juillet 1818, concernant l'inscription sur les immeubles, n'affranchit de la publicité aucune espèce d'hypothèque. Les autres droits réels (usufruit, usage, servitudes), ne se conservent que par l'inscription. L'inscription hypothécaire (inteckning) doit être demandée au tribunal qui, après examen, l'accorde ou la refuse.

Ces règles datent au moins de 1734.

En 1875, le système de la publicité par registres a été réglementé (2).

Mais les livres fonciers n'ont pas la valeur des livres allemands : ils servent surtout de renseignements. Les véritables registres, ceux qui font réellement foi, sont les registres d'audience.

D'après l'article 1er, « quiconque acquiert la propriété « d'un immeuble par vente, échange, donation, testament, « succession, contrat de mariage ou autrement, doit en « demander l'investiture légale au tribunal dans le ressort « duquel l'immeuble est situé. » A partir de ce moment, la transmission est opposable aux tiers. Et ce principe est si rigoureux que la loi consacre, par exemple, la solution suivante :

Primus meurt après avoir vendu un immeuble à Secundus,

1. Voyez sur cette la loi *Revue historique de droit français et étranger,* année 1857.

2. Dix lois hypothécaires ont été votées dans cette même année 1875.

qui n'a pas encore demandé l'investiture. Tertius, héritier de Primus, devance Secundus, obtient l'investiture et évince Secundus qui, cependant, toujours *certat de damno vitando*.

Cette logique nous paraît excessive.

En principe, le mineur n'a pas d'hypothèque légale ; mais il peut en obtenir une, en vertu d'un jugement du tribunal.

Il n'y a pas d'hypothèque judiciaire.

« L'inscription sur un immeuble doit être requise au-
« près du tribunal du ressort de cet immeuble ; l'acte à
« raison duquel l'inscription est demandée doit être pré-
« senté au tribunal en original. Le tribunal fera lire pu-
« bliquement et insérer au procès-verbal d'inscriptions
« l'acte ou la partie de l'acte qui sert de fondement à la
« demande. »

Le tiers détenteur n'a pas le bénéfice de purge et de discussion (1).

La loi du 15 octobre 1880 permet d'hypothéquer les chemins de fer. Cette hypothèque est rendue publique par l'inscription devant un tribunal. Les trois seuls tribunaux compétents sont ceux de Stockolm, Jonköping et Kristianstad (2).

§ 21. — *Italie.*

L'hypothèque, occulte à Rome, ne demeura pas occulte

1. Voyez l'*Annuaire* 5e année, pages 803 et suiv.
2. Voyez l'*Annuaire* 1881, page 551.

en Italie. Jusqu'au XIIIe siècle, Venise eut un magistrat spécial, nommé examinateur, qui devait recevoir communication de toute aliénation ou de toute constitution de droits réels. Sinon, ces modifications survenues dans la propriété immobilière n'étaient pas opposables aux tiers.

Il en était de même dans une partie de l'île de Sardaigne.

Dans presque toute l'Italie, au moyen âge, les actes des notaires étaient déposés dans les archives municipales.

« Enfin, dans le cours du XVIIIe siècle, ces archives fu-
« rent organisées de telle sorte que tous les actes, même
« privés, portant aliénation ou hypothèque, n'acquirent
« date certaine et n'obtinrent un rang qu'autant qu'ils
« avaient été, dans un délai prescrit, dénoncés à l'archive.
« La présentation en temps utile faisait remonter le rang à
« la date de l'acte, s'il avait la forme authentique, ou bien
« s'il réunissait les conditions mentionnées dans la loi
« *scripturas*, au Code » (1).

Nous étudierons d'abord la législation hypothécaire des diverses provinces qui, par leur réunion, ont formé le royaume d'Italie.

Nous verrons que les unes se rapprochent du système germanique, les autres du système mixte du droit français.

1. Voyez *Recueil de l'Académie de législation de Toulouse*, année 1858, page 253.

(A). — *Etats du Pape.*

Le Code hypothécaire fut sanctionné le 6 juillet 1816. L'article 11 pose le principe : toutes les hypothèques, de quelque nature qu'elles soient, sont assujetties à l'inscription ; sinon elles ne sont pas opposables aux tiers (1).

Les notaires, quand il y a un contrat de mariage, sont responsables de la non inscription de l'hypothèque légale de la femme.

Les tuteurs sont condamnés à des peines pécuniaires, s'ils n'inscrivent pas l'hypothèque légale de leurs mineurs.

L'ordonnance sur les hypothèques, du 10 novembre 1834, confirme ces dispositions, limite la durée de l'hypothèque légale inscrite, ordonne la transcription et aussi le renouvellement d'office par le conservateur, quand l'inscription a dix ans de date.

(B). — *Deux-Siciles* (royaume de Naples) (2).

Le droit romain, c'est-à-dire la clandestinité, régnait dans le royaume de Naples, lorsque l'occupation française y substitua le Code Napoléon.

Quand les Bourbons furent rétablis à Naples, ils maintinrent le Code civil français qui fut déclaré, après quelques

1. Voyez aussi les articles 26 et 34.
2. Voyez *Thémis*, t. 2, page 13.

modifications, exécutoire à partir du 1er septembre 1819. Notre système hypothécaire était reproduit avec cette différence qu'en matière d'hypothèques légales il consacra la solution préconisée par M. de Vatimesnil, lors de la réforme hypothécaire en France.

« Ces dernières dispositions, dit Jourdan (1), qui en « apparence, doivent améliorer le système actuel, sont, « dans le fait, inexécutables; comment les notaires peu- « vent-ils prendre une hypothèque sans savoir dans quels « arrondissements les biens sont situés? » Cette critique n'est peut-être pas très exacte. Les notaires ne peuvent prendre inscription que sur les biens qu'ils connaissent, c'est-à-dire sur ceux qui sont désignés dans le contrat. Mais ceux-ci sont connus d'une manière précise.

C. — Etats Sardes.

En 1814, en rentrant en possession de ses Etats de terre ferme, Victor-Emmanuel Ier, roi de Sardaigne, abrogea le régime du Code civil français, et on en revint, dans beaucoup d'endroits, au droit romain et à la clandestinité.

Au mois de juillet 1822, un édit sur les hypothèques (2) rétablissait, pour le 1er janvier 1823, à peu près le système français sur la matière.

Le Code sarde (1er janvier 1838) a amélioré ce sys-

1. *Thémis*, t. V, p. 180.
2. L'édit piémontais.

tème. Il n'admet pas, à la vérité, la transcription, mais il ne donne pas d'action résolutoire pour le non paiement du prix (art. 1661). Le vendeur non payé a, pour inscrire son privilège, un délai de trois mois, passé lequel ce privilège dégénère en hypothèque.

Quant aux hypothèques légales, elles doivent toutes être inscrites et prennent rang seulement à leur date (1), si elles ne sont pas prises dans les trois mois écoulés depuis le fait qui leur donne naissance. Mais le Code punit très sévèrement ceux qui, maris, tuteurs, notaires, ne requièrent pas l'inscription de l'hypothèque légale. De plus, les magistrats doivent requérir l'inscription d'office.

Remarquons que, dans ces conditions, le fils de famille a une hypothèque légale sur les biens de l'ascendant sous la puissance duquel il se trouve, pour la comptabilité de cet ascendant administrateur (art. 2172).

D. — *Toscane.*

Le « Règlement général sur le système hypothécaire pour « le grand duché de Toscane » est du 2 mai 1836. Les hypothèques légales y sont, comme les autres, soumises à l'inscription (2). Sauf ce point, c'est le système français. »

1. Voyez les articles 2115 et 2116.

2. Mais elles sont générales, et s'étendent aux biens présents et à venir.

E. — *Etats Lombardo-Vénitiens.*

Le système hypothécaire autrichien y fut mis en vigueur en 1816.

Un édit promulgué à Milan (1) le 19 juin 1826, soumit à la publicité toutes les hypothèques prises avant 1816.

Voici le préambule de l'édit : « Ayant reconnu que « l'existence ultérieure, dans le Royaume lombardo-véni- « tien, des hypothèques tacites légales, des hypothèques « générales, et généralement de toutes autres hypothèques « antérieures à la promulgation du Code civil autrichien, « qui peuvent être inscrites pour un temps indéterminé « avec effet rétroactif sur les débiteurs ou les tiers déten- « teurs, rend plus difficiles et moins sûres les conventions « et diminue essentiellement le crédit privé... »

Ajoutons que l'excellente organisation du cadastre favorise beaucoup le fonctionnement régulier du système hypothécaire autrichien en Lombardie.

Le 8 juin 1860 les franco-sardes occupèrent Milan et le Milanais, et la paix de Zurich réunit le Milanais aux Etats Sardes.

Venons maintenant à l'Italie, formée de la réunion de tous ces Etats.

En matière hypothécaire, le Code italien, qui d'ailleurs

1. Milan fut rendu à l'Autriche en 1815.

est fort remarquable, a adopté les idées de notre loi de brumaire.

L'article 1942 est ainsi conçu :

« Tant que les jugements et actes énoncés en l'article
« 1932 (ceux à l'égard desquels la transcription est né-
« cessaire) n'ont pas été transcrits, ils n'ont aucun effet à
« l'égard des tiers qui ont acquis, à un titre quelconque
« et légalement conservé, des droits réels sur l'immeu-
« ble. »

L'article 1965 contient les trois propositions suivantes :

1° L'hypothèque n'a d'effet que si elle est rendue publique.

2° Elle ne peut exister que sur des biens spécialement
désignés.

3° Elle ne peut être prise que pour une valeur déter-
minée en argent.

Le nombre des privilèges est fort restreint.

Articles 1982 et 1983 : « L'hypothèque légale de la
« femme devra être inscrite, par les soins du mari et du
« notaire, dans un délai de 20 jours à compter de la date
« du contrat de mariage. Quant à l'hypothèque légale des
« mineurs et des interdits, elle devra être inscrite dans les
« 20 jours de la délibération du conseil de famille, relative
« à la caution que doit donner le tuteur, et ce, par les
« soins du tuteur, du protuteur et du greffier qui a assisté
« à la délibération. »

Au point de vue de la publicité, ce système présente
de grands avantages, cela est bien certain ; mais il faut

craindre les difficultés pratiques de son mode de fonctionnement (1).

§ 22. — *Russie*.

En Russie, l'acte qui hypothèque l'immeuble doit être passé sur les registres fonciers. Le tribunal fait donner avis de la constitution de l'hypothèque.

La transmission de la propriété ne s'opère point, même *inter partes*, par le simple consentement. Il faut un envoi en possession, c'est-à-dire une solennité où figure un huissier, et des témoins. Procès verbal est dressé de cette solennité.

D'après le Code baltique (1864, Alexandre II), la tradition (übergabe) doit être suivie de l'inscription de l'acte sur les registres publics (Voyez Eléments de droit civil russe par M. E. Lehr).

En Finlande, la publicité des aliénations, des hypothèques, et des constitutions de droits réels, a été organisée par la loi du 9 novembre 1868. Le tribunal apprécie souverainement.

§ 23. — *Angleterre*.

Nous avons vu que la publicité existe dans les comtés de Middlessex et d'York (2).

Dans les autres provinces d'Angleterre, la clandestinité

1. Voyez le livre de M. Huc, sur le Code civil italien.
2. Les mutations de la propriété foncière furent, en Angleterre, publiques pendant fort longtemps, Voyez *Annuaire*, 5e année, page 178.

des aliénations a bien longtemps résisté à tous les efforts qui furent faits, par exemple en 1830, 1835, 1853, etc.

Ce n'est que le 13 août 1875 qu'on est arrivé à la publicité des transmissions immobilières, à la transcription ; et encore on n'a pas été jusqu'à rendre la loi obligatoire ; elle reste à l'état de faculté avantageuse pour ceux qui veulent en profiter.

Cela dit, venons aux hypothèques.

En Angleterre, il n'y a ni hypothèque judiciaire, ni hypothèque légale (1). Il n'y a que des hypothèques conventionnelles.

Elles n'en sont pas moins pour cela toutes occultes.

Vainement, dans les sessions du parlement de 1832 et 1833, a-t-on tenté d'établir la publicité ; les communes ont rejeté le bill d'enregistrement.

Le plus souvent les garanties réelles, consenties par le débiteur, ne sont pas même des hypothèques. En général, ce sont des ventes à réméré, des fiducies d'une nature spéciale. Ainsi le débiteur, celui qui donne la sûreté réelle, le mortgager, vend sous pacte de rachat son immeuble à son créancier. Mais tout se passe clandestinement et le débiteur reste, en général, détenteur de son ancien immeuble.

On aura beau punir les stellionats d'emprisonnement, il s'en produira toujours dans un pareil système, où la transcription, nous le savons, est facultative. On a beaucoup

____

1. La Cour d'Equité est chargée de la surveillance des intérêts des incapables. Voyez la *Revue Wolowski*, tome 2, p. 265. Voyez *Bulletin de la Société de législation comparée*, tome 7, p. 333.

parlé, dans ces dernières années du procès Dimsdale; il est fort concluant.

Dimsdale s'occupait du transfert des propriétés : il était « *sollicitor conveyancer* ». Il achète sous le nom d'un complice pour 700,000 francs d'immeubles. Il paie 50,000 francs et pour les 650,000 francs qui restaient à payer, il offre en gage les immeubles qu'il vient d'acquérir. Comme tout le monde ignore cette dernière circonstance, il s'appuie sur un crédit immobilier de 700,000 francs. Les immeubles ainsi achetés firent l'objet de toutes sortes de contrats; en particulier on les céda fiduciairement onze fois... Dimsdale agrandit alors le cercle de ses opérations frauduleuses, et, en quinze ans, il fit produire à ses 50,000 francs neuf millions, somme fort respectable que le procès a permis d'établir.

« L'hypothèque n'est pas connue dans la jurisprudence écossaise; on y supplée par des ventes fiduciaires » (1).

Le Code civil français fut publié à l'Ile-de-France le 25 vendémiaire an XIV. Le code Decaen, aux termes de la capitulation de 1810, resta en vigueur à l'ile Maurice, mais notre matière des hypothèques a subi de graves modifications :

1° La transcription fut établie (ordonnance 36 de 1863 et 20 de 1864).

2° L'hypothèque judiciaire fut abolie (ordonnance 32 de 1866).

1. *Thémis*, tome 6, p. 274, en note.

3° La clandestinité des hypothèques légales fut abolie par l'ordonnance 15 de 1878 (1).

Au Canada, l'Angleterre a renoncé à imposer sa législation. C'est ainsi que notre droit coutumier, et notamment le droit de la Coutume de Paris, régissent encore le Bas-Canada.

Mais il n'y a plus de clandestinité.

Il y a de nombreux registres. L'un ouvre un compte aux immeubles. Un autre est destiné aux adresses des créanciers hypothécaires. On doit également inscrire les saisies immobilières. Quand un immeuble est vendu, les créanciers hypothécaires, connus par le registre des adresses, doivent être prévenus un mois au moins avant la vente (2).

§ 24. — États-Unis.

Le principe de la publicité est, en général, reconnu par tous les États; cette publicité est réalisée par l'inscription des actes d'acquisition des immeubles et des actes de constitution d'hypothèques; ces actes, sans cette inscription, sont nuls vis-à-vis des tiers.

Dans plusieurs États, on a admis le système allemand des prénotations (notamment Massachussets et Rhode-Island). Aux États-Unis, le mort gage existe comme en Angleterre, mais il est assujetti à une publicité absolue.

Comment donc garantir les incapables?

1. V. Bulletin, séance du 13 avril 1881.
2. V. Annuaire, 1879, page 723 et 1881, page 698.

Voici, à titre d'exemple, l'article 7 de l'acte du 10 avril 1872, sur les tutelles, adopté par l'État de l'Illinois :

« Le tuteur contractera devant la Cour du comté un
« engagement écrit, garanti par deux cautions, jugées suf-
« santes, pour une somme double de la valeur des biens
« meubles ou immeubles appartenant au mineur. »

Dans ce même État de l'Illinois, signalons une loi du 29 mai 1879, amendant une loi de 1873 sur l'inscription des hypothèques au bureau de la municipalité, et présentant cette particularité que l'inscription ne vaut que pendant l'année, à moins d'être renouvelée (1).

§ 25. — Brésil.

Le Brésil garda le régime hypothécaire de son ancienne métropole, le Portugal. Ce régime était fort défectueux : la clandestinité était absolue.

La loi du 21 octobre 1843 vint enfin exiger la publicité des hypothèques conventionnelles : toutes les autres restaient occultes.

En 1854, un projet de réforme fut présenté et une enquête eut lieu : dix ans plus tard une loi vint remanier tout le système hypothécaire en proclamant la publicité la plus complète pour toutes les hypothèques (2).

---

1. Voyez, pour l'hypothèque dans le *Massachussets*, Annuaire, 1876, p. 856. Pour New-York, Annuaire 1879, page 709, et 1831, page 675.

2. Voyez *Revue historique de Droit français et étranger*, tome 12, pages 89 et suiv.

Le Crédit foncier reprit alors son importance, encouragé d'ailleurs par les pouvoirs publics (1).

Un projet d'hypothèque sur les Chemins de fer a été proposé aux sessions de 1877 et 1880.

§ 26. — *Mexique.*

La publicité est très complète au Mexique ; et des tentatives très sérieuses ont été faites pour baser un crédit foncier sur le régime hypothécaire.

C'est ainsi qu'un décret du 18 décembre 1875 porte création d'une banque de crédit hypothécaire.

De même, des hypothèques peuvent être constituées sur les chemins de fer (2) ; elles sont rendues publiques par une inscription prise sur le registre de la conservation de la ville de Mexico.

§ 27. — *Chili.*

La réforme hypothécaire a été l'objet d'études spéciales. Les membres d'un congrès (3) réuni le 9 décembre 1877 à Lima, et représentant le Pérou, la République Argentine, le Chili, la Bolivie, l'Équateur, ont étudié la question suivante : convient-il de supprimer les hypothèques tacites ou légales, ou seulement de changer le rang suivant lequel

1. V. la loi du 6 novembre 1875, Annuaire 1876, p. 833.
2. V. *Annuaire*, 1881, page 707.
3. V. *Bulletin*, tome 7.

elles doivent être colloquées, quand il y a concours avec d'autres créanciers?

En attendant que le pouvoir législatif ait donné à cette question une réponse satisfaisante, le système que consacre la loi chilienne sur la publicité est mixte ; il ressemble en cela à presque tous les régimes hypothécaires des États de l'Amérique Centrale.

TABLE DES MATIÈRES

Imp. de l'Ouest, A. NÉZAN, Mayenne.

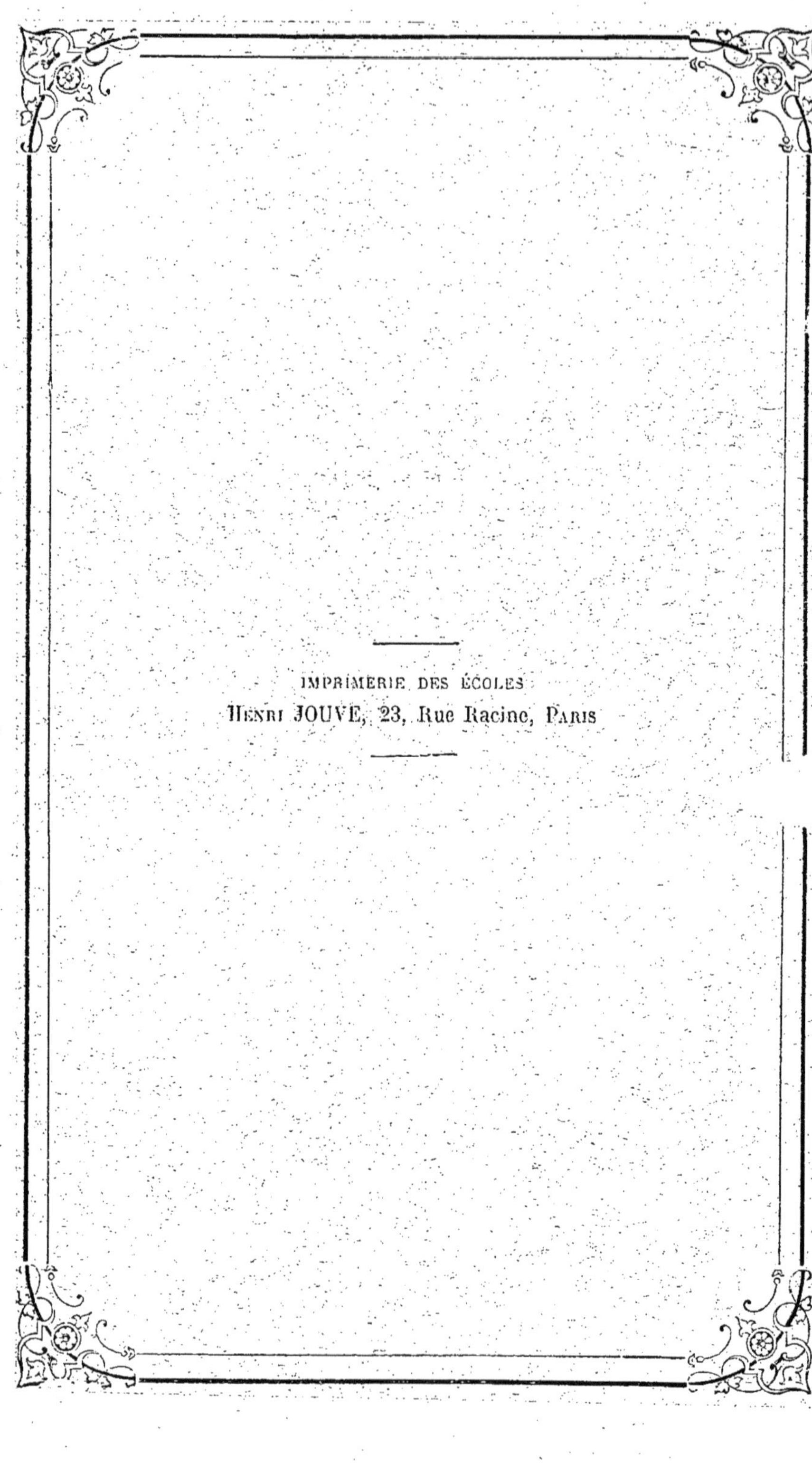

IMPRIMERIE DES ÉCOLES
Henri JOUVE, 23, Rue Racine, Paris

www.ingramcontent.com/pod-product-compliance
Ingram Content Group UK Ltd.
Pitfield, Milton Keynes, MK11 3LW, UK
UKHW021922070726
13614UKWH00001B/183